Robert Kauli

Gestão de cursos electrónicos

Robert Kauli

Gestão de cursos electrónicos

Uma abordagem moderna à aprendizagem tradicional

ScienciaScripts

Imprint

Cover image: www.ingimage.com

This book is a translation from the original published under ISBN 978-3-659-82367-1.

Publisher:
Sciencia Scripts
is a trademark of
Dodo Books Indian Ocean Ltd. and OmniScriptum S.R.L publishing group

120 High Road, East Finchley, London, N2 9ED, United Kingdom
Str. Armeneasca 28/1, office 1, Chisinau MD-2012, Republic of Moldova, Europe
Managing Directors: Ieva Konstantinova, Victoria Ursu
info@omniscriptum.com

Printed at: see last page
ISBN: 978-620-8-51390-0

Índice

Dedicação

Este trabalho é uma dedicatória especial ao meu pai, o Engenheiro Kyebakola Sam. Tem sido um grande incentivo e apoio nos meus estudos desde a infância. Também me encorajaste a inscrever-me no mestrado, por entre as desculpas que tentei formular. Só Deus te pode recompensar!!

Estou grato a Deus pela sabedoria, boa saúde e bem-estar necessários para concluir o curso; e pela providência financeira que me permitiu suportar todos os custos relacionados com o curso.

Agradecimentos

Agradeço ao conselho do Sr. Mugejjera Emmanuel pela orientação que me deu na compilação deste trabalho, apesar dos seus horários apertados.

Os meus sinceros agradecimentos a todos os meus antigos colegas de curso com quem partilhámos e trocámos ideias e conhecimentos encorajadores sobre investigação e outras actividades e tarefas relacionadas.

Estou muito grato ao meu colega Muchake Brian. Os seus esforços para a compilação e produção final deste trabalho não têm preço! Não encontro melhor palavra para expressar a minha gratidão e apreço pelo teu contributo. Acredito que és uma dádiva de Deus, e só Ele pode recompensar-te pelo valor da tua contribuição!

Expresso a minha gratidão ao pessoal administrativo da Uganda Martyrs University, campus de Rubaga: Annet e Stella; por serem bons, flexíveis, ouvirem e apoiarem-me.

Agradecemos a William Ssenyondo, que prestou serviços de consultoria no que respeita à parte de codificação do desenvolvimento de sistemas.

Por último, deixo registado o meu sentimento de gratidão a todos os que, direta ou indiretamente, contribuíram para os meus êxitos académicos e para a minha vida em geral. Obrigado!

Lista de abreviaturas

E-CM Electronic

I-CM Integrated Course Management

IDE Integrated Development Environment

IS Information System

MIS Management Information System

NDU Ndejje University

RDBM Relational Database Management

ROI Return on Investment

SDLC Systems Development Life Cycle

CAPÍTULO 1: INTRODUÇÃO

1.0 Introdução

Este capítulo apresenta uma introdução geral à investigação. Entre outras coisas, analisa os antecedentes do estudo, o enunciado do problema, os objectivos do estudo, o âmbito, o significado e a justificação do estudo. A investigação centrou-se no domínio académico dos sistemas de informação e, especificamente, no Sistema de Informação de Gestão (SIG). Os sistemas de informação (SI) são referidos como o conjunto de componentes inter-relacionados utilizados para recolher, processar, armazenar, recuperar, disseminar dados e informações e fornecer feedback dentro da organização (Dunn et al 2004). Os sistemas de informação de gestão (SIG) nas organizações empresariais proporcionam benefícios como o apoio às operações empresariais, a tomada de decisões de gestão e a vantagem competitiva estratégica. Estes benefícios são, portanto, factores-chave para o planeamento de recursos empresariais, o acompanhamento e a avaliação do desempenho numa determinada organização (Stair e Reynolds, 2013).

O Business dictionary.com (2015) define MIS como um sistema de gestão das necessidades de informação da gestão de uma organização a todos os níveis para a tomada de decisões operacionais, tácticas e estratégicas. Continua a afirmar que o objetivo do MIS é conceber e implementar procedimentos, processos e rotinas que forneçam relatórios adequadamente detalhados de forma precisa, consistente e atempada.
Num sistema de informação de gestão, os sistemas modernos e informatizados recolhem continuamente dados relevantes, tanto de dentro como de fora da organização. Estes dados são depois processados, integrados e armazenados numa base de dados centralizada (ou armazém de dados), onde são constantemente actualizados e disponibilizados a todos os que têm autoridade para aceder aos mesmos, de uma forma adequada aos seus objectivos.

A gestão de cursos electrónicos (E-CM) é um sistema em linha concebido para apoiar a aprendizagem em sala de aula em ambientes académicos, como universidades e escolas secundárias (Carliner, 2007). Este sistema oferece aos professores a possibilidade de colocar os materiais da disciplina em linha; acompanhar o progresso dos alunos através de funcionalidades de avaliação, que permitem aos professores fazer questionários e testes em linha; fórum de discussão, onde os professores e os alunos podem discutir leituras e continuar os debates entre as sessões formais da aula; caixa de bloqueio para os alunos, onde estes podem guardar os materiais da aula; e estatísticas da disciplina, que fornecem informações sobre a utilização do sítio da disciplina, incluindo quem utilizou o sítio da disciplina e quando (Carliner, 2007).

Ansorge e Bendus (2003) observaram que a utilização da gestão de cursos electrónicos (E-CM) no ensino superior se tornou bastante popular. Estes sistemas electrónicos podem ser integrados em cursos presenciais tradicionais, a fim de melhorar a experiência de aprendizagem, como aconselha Arabasz *et al* (2003). Os instrutores integram PowerPoint e outros componentes multimédia para melhorar a experiência de aprendizagem (Arabasz *et al*, 2003).

1.1 Contexto do estudo

A Techopedia (2015) define a gestão de cursos electrónicos (E-CM) como um conjunto de ferramentas que permite ao formador criar conteúdos de cursos em linha e publicá-los na Web sem ter de lidar com HTML ou outras linguagens de programação. Estes sistemas facilitam o ensino e a gestão dos cursos, fornecendo uma estrutura e um conjunto de ferramentas aos formadores. Centram-se principalmente em objectos como a administração de avaliações da turma sob a forma de exercícios, questionários e testes. O E-CM pode também incluir ferramentas para conversação em tempo real ou comunicações assíncronas do tipo bulletin board.

Um E-CM é uma aplicação de software que automatiza a administração, o acompanhamento e a comunicação de eventos de formação (Ryann, 2009). Um E-CM possui caraterísticas que incluem administração centralizada, serviço auto-orientado, entrega rápida de conteúdos de aprendizagem e reutilização de conhecimentos, entre outras.

Um E-CM é um conjunto de ferramentas de software que proporcionam um ambiente em linha para as interações do curso (Martin, 2008). Inclui uma variedade de ferramentas e ambientes em linha, tais como: Uma área para os professores colocarem materiais de aula, tais como o programa do curso e os folhetos.
Martin (2008) define um E-CM como um software que permite a gestão e a disponibilização de conteúdos e recursos de aprendizagem. O autor continua dizendo que um sistema deste tipo oferece uma oportunidade de manter a interação entre o instrutor e os estudantes e de avaliar os estudantes fornecendo feedback imediato sobre os questionários em linha. Acrescenta ainda que o feedback instantâneo fornecido por estes sistemas proporciona uma experiência de aprendizagem positiva para o aluno e facilita os esforços de gestão no controlo de todas as operações relacionadas com a aprendizagem.
O E-CM permite aos administradores inscrever alunos em cursos, comunicar com os alunos, acompanhar o desempenho e lançar materiais de aprendizagem. Funciona como um cofre para os alunos e administradores de cursos, onde podem guardar os materiais das aulas num local seguro ou fazer cópias de segurança dos trabalhos das aulas num local seguro (Martin, 2008).

Phillipo e Krongard (2012) acrescentam que a gestão de cursos electrónicos serve de elo de ligação para reunir as reformas educativas contemporâneas com utilizações eficazes e criativas da tecnologia. Para eles, os E-CMs actuam como facilitadores de iniciativas educativas, tais como a aprendizagem personalizada, a tomada de decisões centrada no aluno, a produtividade do pessoal e o desenvolvimento de currículos em apoio às normas comuns.

A gestão de cursos electrónicos torna o conhecimento mais facilmente disponível e partilhável não só para os alunos, mas também para os pais e educadores a todos os níveis (Phillipo e Krongard, 2012). Os autores aconselham que é necessário que o E-CM seja manipulado num ambiente de base de dados relacional habilitado para a Web que ligue o currículo, os recursos pedagógicos e as estratégias de avaliação.

White e Larusson (2010) consideram este sistema como um ambiente digital em linha que permite a partilha de informações entre os estudantes e as respectivas faculdades. Para eles, o sistema permite o acesso a conteúdos e funcionalidades administrativas para os cursos que os estudantes estão a frequentar nessas faculdades. Os autores apontam como principais vantagens destes sistemas a distribuição eletrónica dos materiais do curso e a interação a tempo inteiro entre os estudantes e os seus formadores.

1.1.1 Estudos de casos selecionados

Atualmente, existem muitas instituições académicas que utilizam a gestão de cursos electrónicos no mundo. As instituições adoptam diferentes marcas de E-CM, das quais as mais comuns são: Moodle, WebCT e Doodle (Carliner, 2007).

As instituições académicas colocam muita ênfase no aumento da administração do ensino em linha (Kraemer, 2003; Morris, Xu e Finnegan, 2006). Todos os anos, as instituições de ensino superior oferecem mais cursos totalmente em linha, bem como mais cursos de formato misto ou híbrido (Hoskins e van Hooff, 2005). Os sistemas de gestão de cursos electrónicos, como o WebCT e o Blackboard, estão a ser amplamente utilizados como sistemas de distribuição de material didático em linha (Carnevale, 2005; Hutchinson, 2001; Roach, 2006). O interesse pela eficácia da gestão de cursos electrónicos está a aumentar rapidamente. Os estudos mostram que a utilização da gestão de cursos electrónicos necessita de mais investigação e investimento.

Os E-CM tornaram-se um símbolo de inovação nas instituições de ensino superior e, em menos de uma década, foram rapidamente adoptados por um grande número de faculdades e universidades em muitos países do mundo (Coates, 2005; Dutton, Cheong e Park, 2004; Malikowski, Thompson e Theis, 2007; Wise e Quealy, 2006).

A rápida adoção de E-CM ocorreu num vazio de investigação sobre a sua eficácia para a aprendizagem ou mesmo de indicações sobre as melhores práticas para a sua integração no ambiente do campus (Coates, 2006; Malikowski *et al.*, 2007; Wise e Quealy, 2006). Dez anos após os primeiros sistemas comerciais terem sido disponibilizados a faculdades e universidades, muitas instituições de ensino superior ainda se debatem para determinar a melhor forma de apoiar as suas missões educativas com a E-CM e outras tecnologias Web.

Kirup e Kirkwood (2005) afirmam que a adoção da E-CM no ensino superior desde meados dos anos 90 não conseguiu produzir as mudanças radicais no ensino e na aprendizagem que muitos previram e anteciparam.

Malikowski *et al.*, (2007) observaram que a maioria dos E-CM são produtos fornecidos por fornecedores, como Blackboard, WebCT, Desire2Learn e Angel. Há também uma série de produtos de fonte aberta e institucionais desenvolvidos internamente, como o Sakai e o Moodle. Embora a definição de um E-CM varie, o estudo comparativo de Carriere, Challborn e Moore (2005) sobre uma série de E-CM revelou que a única diferença real entre os sistemas reside nas suas abordagens de marketing. Malikowski *et al.*, (2007) caracterizam um E-CM como um conjunto abrangente de ferramentas baseadas na Web , algumas estáticas e outras interactivas, que suportam alguns ou todos os aspectos da preparação, realização, comunicação, participação e interação do curso. Na opinião de Carmen e Haefner (2002), é visto como uma ferramenta que apoia e melhora o processo de aprendizagem, enquanto Collis e Boer (2004) o descrevem como uma forma de ajudar os professores que não têm competências de conceção da Web a criar facilmente um acompanhamento Web para os seus cursos. A infraestrutura E-CM também pode tratar do registo e da administração dos cursos.

Whelan e Bhartu (2007), na sua publicação, observaram como um E-CM foi implementado na Universidade do Pacífico Sul. De acordo com a sua investigação, a Universidade utiliza o sistema para gerir mais de 400 programas educativos através do ensino à distância e flexível. De acordo com os autores, a Universidade utiliza uma variedade de meios para administrar os programas que estão espalhados por vários campus na região do Pacífico.

Na Universidade do Pacífico Sul, o sistema foi implementado como um sistema baseado no IP, para garantir que todas as comunicações e trocas de dados utilizassem uma plataforma normalizada comum baseada nas tecnologias da Internet. A Universidade mantinha uma variedade de diferentes tecnologias analógicas e digitais numa rede de retalhos.

No seu estudo, Whelan e Bhartu (2007) revelaram que, ao utilizar o sistema em linha na Universidade do Pacífico Sul, o número de cursos oferecidos aumentou rapidamente. Citaram Waits e Lewis, (2003); e Phipps (2004) que observaram que em 2000-2001 mais de 56% dos programas de licenciatura eram de ensino à distância.

A Universidade do Pacífico Sul utilizou o Moodle como plataforma para a conceção e implementação do E-CM. O sistema suportava uma gama completa de actividades de ensino e aprendizagem. Baseia-se numa abordagem construcionista social da educação que integra uma série de ferramentas para a criação e colaboração de conteúdos em linha com um conjunto variado de ferramentas sociais e de comunicação que apoiam as interações professor-aluno, aluno-aluno e professor-professor.

O Moodle permite que os alunos contribuam e colaborem no processo de aprendizagem, sendo ao mesmo tempo suficientemente flexível para apoiar a aprendizagem e o ensino baseados em resultados (Whelan e Bhartu, 2007). O sistema permite a realização de testes e avaliações flexíveis, bem como o acesso imediato a informação sobre classificações e avaliações. O Moodle fornece, assim, um conjunto de ferramentas que ajudam a apoiar o mandato da Universidade de fornecer educação de alta qualidade à distância na região do Pacífico (Whelan e Bhartu, 2007).

1.1.2 Visão geral dos cursos extra-murais

Os Cursos Extra Murais são cursos de curta duração que colmatam as lacunas para os trabalhadores em exercício, no sector formal, mas cujo emprego carece de competências e habilidades específicas; os trabalhadores independentes fora das áreas dos seus prémios académicos; entre outros, que desejam ser profissionalmente eficazes e eficientes no trabalho (NDU-EMB, 2015). Atualmente, na Universidade de Ndejje, o programa Extra Mural é gerido pelo coordenador do programa. Utiliza a abordagem manual tradicional na manutenção dos registos de inscrição dos estudantes. Ao utilizar este sistema, para que um estudante se inscreva num curso, tem de se deslocar ao gabinete do programa, recolher formulários de candidatura que têm de ser preenchidos e devolvidos ao mesmo gabinete. O sistema funciona isolado do controlo administrativo da Universidade. Esta situação é causada pela falta de controlo administrativo direto e de interação entre a administração e todos os outros intervenientes. O coordenador do programa lida diretamente com os estudantes em todas as questões relacionadas com as inscrições e apenas comunica com a administração, utilizando a palavra e documentos impressos sob a forma de relatórios.

Esta falta de controlo administrativo resulta em perdas financeiras por parte da Universidade, dado o enorme investimento financeiro injetado no programa. Estes incluem as estruturas físicas alugadas no campus de Kampala, as instalações de escritório e os subsídios para reuniões do programa e outros custos relacionados que são incorridos e transferidos para a Universidade. O processo de administração dos cursos é agitado e consome muito tempo. Este facto obriga o coordenador a dedicar muito mais tempo do que aquele que seria necessário, o que prejudica o tempo que seria utilizado para outras tarefas.

Este projeto visou, portanto, resolver estes problemas através do desenvolvimento de um E-CM que integra todas as operações do programa para facilitar o acompanhamento administrativo dos cursos Extra Mural.

1.2 Declaração do problema

A gestão do programa Extra Mural na NDU não tem sido uma tarefa simples. A Universidade tem sido desafiada pela falta de controlo administrativo direto sob a forma de monitorização e, por isso, é difícil saber o que está a acontecer, no que diz respeito ao número de estudantes atualmente inscritos, aos programas que estão a ser administrados e aos instrutores que os administram. Por conseguinte, não foi possível à Universidade verificar se é viável continuar a financiar e a gerir o programa.

Além disso, os alunos demoram muito tempo a aceder aos resultados das suas avaliações, uma vez que os professores são obrigados a classificar todos os trabalhos, um de cada vez, e depois a apresentar os resultados ao coordenador, que os disponibiliza aos alunos antes de os certificados serem processados. Além disso, só o processamento das avaliações é bastante dispendioso. O processo exige a existência de uma impressora e dos seus consumíveis. Estes incluem papel e toner, mais os custos associados, como a manutenção; depois, o desgaste e os custos de substituição.

O sistema não permite que a administração efectue uma análise comparativa relativamente às inscrições, para o período em que o programa está a decorrer. Por conseguinte, a Universidade não pode planear antecipadamente e afetar recursos ao programa.

Além disso, a comercialização dos cursos oferecidos é um grande desafio. O programa utiliza a tecnologia tradicional e desactualizada de afixação de avisos e faixas. Um exemplo de um aviso afixado numa das ruas como forma de publicidade justifica o problema, como mostra o Anexo X: Como os cursos são anunciados. Estes só podem atingir uma clientela diminuta, o que leva a baixos níveis de inscrição.

1.3 Objectivos do estudo

Os objectivos do estudo foram classificados em objetivo principal e objectivos específicos.

1.3.1 Objetivo principal

O principal objetivo do estudo era criar transparência operacional e eficiência na gestão de cursos extra-murais na Universidade de Ndejje através da implementação de um E-CM automatizado.

1.3.2 Objectivos específicos

Os objectivos específicos do estudo foram os seguintes

i. Analisar o funcionamento do E-CM Extra Mural existente e recolher os requisitos dos utilizadores para o novo sistema;
ii. Conceber um novo E-CM com base nos requisitos do utilizador;
iii. Implementar um novo E-CM utilizando ferramentas de software (tais como: PHP, HTML e MySQL);
iv. Testar e validar o novo E-CM.

1.4 Âmbito do estudo

O âmbito do estudo foi classificado em três, a saber: o âmbito geográfico, o âmbito funcional e o âmbito temporal.

1.4.1 Âmbito geográfico

O estudo foi efectuado na Universidade de Ndejje, situada em Balintuma Road, Mengo Kampala. O estudo destinava-se especificamente aos cursos extra-murais da Universidade e tinha por objetivo racionalizar todas as operações relacionadas com a gestão dos cursos extra-murais na Universidade de Ndejje.

1.4.2 Âmbito funcional

O sistema tinha como objetivo fornecer as seguintes funcionalidades aos seus utilizadores;

i. O sistema destinava-se a permitir que os potenciais alunos encontrassem os cursos de curta duração disponíveis oferecidos pelo programa e que se inscrevessem nos mesmos.

ii. O objetivo era também permitir que os alunos acedessem aos materiais do curso em linha sem necessariamente interagirem com o professor;

iii. O sistema permitiria igualmente a avaliação em linha dos alunos e a emissão de resultados imediatos para os alunos nas disciplinas em que foram avaliados;

iv. O sistema tinha ainda como objetivo permitir o acompanhamento administrativo e a elaboração de relatórios sobre a inscrição dos estudantes em , incluindo a apresentação de relatórios analíticos sobre as tendências, numa base anual.

1.4.3 Âmbito temporal

O estudo de investigação durou nove meses, ou seja, de fevereiro de 2015 a outubro de 2015. Isto envolveu todas as actividades, desde a concetualização à análise, conceção, implementação, teste, validação e documentação.

1.5 Importância do estudo

O estudo de investigação visava impor a transparência em todas as actividades relacionadas com os cursos extra-murais na Universidade de Ndejje. Isto seria conseguido através do controlo administrativo direto de todas as actividades relacionadas com a inscrição dos estudantes nos cursos extra-murais.

O estudo tinha igualmente por objetivo assegurar a avaliação, o cálculo e o acesso em tempo real aos resultados dos cursos.

A investigação teve como objetivo atenuar os custos e as perdas incorridos pela Universidade, resultantes da falta de responsabilização e de um acompanhamento eficaz das operações do programa.

1.6 Conclusão

Este capítulo de Introdução Geral foi a abertura de olhos para o objeto de estudo. O seu principal objetivo foi o de contextualizar a forma como os cursos extra-murais são administrados e os problemas associados na

Universidade de Ndejje. Foi apresentado um estudo de fundo com os objectivos principais e específicos. Assim, esta visão geral serviu de base para definir o âmbito do estudo no desenvolvimento de um E-CM automatizado para resolver os problemas em causa.

CAPÍTULO 2: REVISÃO DA LITERATURA

2.0 Introdução

Este capítulo apresentou a revisão da literatura relacionada com a implementação da Gestão de Cursos Electrónicos. Analisou especificamente a revisão da E-CM existente, a conceção de uma nova E-CM, a implementação da E-CM e, finalmente, o teste e a validação da nova E-CM.

Carliner (2007) define E-Course Management (E-CM) como sistemas em linha concebidos para apoiar a aprendizagem em sala de aula em ambientes académicos, como universidades e escolas secundárias. Segundo Carliner, estes sistemas permitem aos formadores colocar em linha os materiais da disciplina, acompanhar o progresso dos alunos, proporcionar um fórum de discussão entre formadores e alunos, atuar como cofres onde os alunos podem guardar os materiais das aulas e fornecer estatísticas sobre quem utilizou o sistema da disciplina e quando.

Estes sistemas funcionam como registos electrónicos, executando eletronicamente várias tarefas de inscrição e outras relacionadas. São concebidos para ambientes de aprendizagem no local de trabalho para facilitar o registo dos estudantes, acompanhar a assiduidade e a conclusão dos cursos, processar os encargos dos cursos e estabelecer uma interface com outros sistemas, como o de recursos humanos, entre outras funções (Carliner, 2007).

Para Phillipo e Krongard (2012), um E-CM é um grande facilitador de muitas iniciativas educativas actuais e futuras, tais como a aprendizagem personalizada, a tomada de decisões centrada no aluno, a produtividade do pessoal e o desenvolvimento curricular em apoio aos Padrões Estatais Básicos Comuns. Os autores defendem que o sistema capacita os educadores, os pais e os alunos através do acesso a informações que podem alterar e moldar o plano de aprendizagem personalizado de um aluno.

2.1Revisão dos sistemas existentes

Um E-CM é muito importante na gestão de programas académicos (Mtebe, 2015). É utilizado para gerir as informações mais importantes sobre entidades como estudantes, professores, cursos, candidaturas, admissões, pagamentos, exames e notas. Um sistema E-CM eficaz é crucial para todas as instituições de ensino. Muitas universidades automatizaram as operações dos seus cursos através da implementação de sistemas semelhantes de gestão de cursos electrónicos. As instituições na África Subsariana gastam agora uma proporção significativa dos seus recursos limitados na instalação e manutenção do E-CM (Mtebe, 2015), e as despesas continuam a aumentar, independentemente de os sistemas estarem a realizar o seu potencial.

Mtebe (2015), na sua publicação intitulada "Making Learning Management System Success for Blended Learning in Higher Education in sub-Saharan Africa", observou que a adoção de E-CM por instituições de ensino superior na África Subsariana tem continuado a aumentar. Ele cita Adkins (2013) que previu que a adoção de sistemas cresceria a uma taxa de 15% por ano entre 2011 e 2016 na região da África Subsariana.

Os E-CM têm como objetivo melhorar o desempenho dos alunos, reduzir as taxas de abandono escolar e aumentar a satisfação dos alunos (Naveh, Tubin e Pliskin, 2012). As instituições da África Subsariana são aconselhadas a adoptá-los para obterem esses benefícios. No entanto, a adoção e a implementação destes sistemas não garantem que as instituições usufruam desses benefícios, a menos que sejam bem concebidos e implementados.

Vários investigadores incentivam as instituições a utilizar o retorno do investimento (ROI) em termos do valor dos investimentos em tecnologia através de medidas financeiras quantificáveis como medida do sucesso da GEC (Govindasamy, 2001; Urbach e Miiller. 2012). No entanto, medir o sucesso da E-CM em termos de ROI é difícil devido a outros impactos intangíveis associados e a variáveis ambientais intervenientes (Petter, DeLone e McLean, 2008). O impacto da E-CM vai para além da redução do custo dos investimentos educativos e da melhoria da aprendizagem dos alunos.

Na África subsariana, a Universidade Eduardo Mondlane, em Moçambique, foi uma das universidades pioneiras na implementação da E-CM com o objetivo de fazer grandes reformas no sistema educativo. Envolveu a avaliação e a reforma do seu currículo em todas as faculdades (Muianga *et al.*, 2015). No processo de adoção da E-CM, foram realizados estudos para investigar a sua viabilidade, que revelaram uma falta de conhecimento entre os professores, bem como uma utilização ineficaz da tecnologia no ensino e na aprendizagem (Muianga *et al.,* 2015).

Lukman e Krajnc (2012) referem-se aos actuais E-CM tradicionais como sistemas de aprendizagem colaborativa. Argumentam que estes sistemas são utilizados num ambiente do mundo real, normalmente onde a aprendizagem tem lugar em pequenos grupos de alunos. Os autores citam Bullard e Felder (2007a), que articulam claramente que o processo envolve estudantes com capacidades heterogéneas e vários graus de conhecimento. Numa equipa deste tipo, os alunos partilham os seus pontos fortes e descobrem os seus pontos fracos, aprendendo com os seus colegas mais experientes. O sistema funciona de tal forma que são introduzidas e aceites regras especiais para o trabalho em equipa, incluindo a responsabilização individual, a interdependência positiva, a interação face a face, a autoavaliação regular da equipa e o desenvolvimento de competências de trabalho em equipa (Felder et al., 2000; Bullard e Felder, 2007a).

Os sistemas E-CM tradicionais existem há muito tempo e baseiam-se em processos e recursos manuais, tais como livros de texto e conteúdos estáticos em papel, aprendizagem presencial, aprendizagem baseada em calendários, conteúdos académicos tratados isoladamente e acesso limitado à informação no que diz respeito à gestão dos registos académicos. Estes sistemas caracterizam-se por um certo número de limitações, como a falta de transparência e a flexibilidade limitada das operações, embora apresentem algumas vantagens, como se pode ver a seguir.

2.1.1 Pontos fortes da gestão tradicional de cursos electrónicos

Os sistemas tradicionais de gestão de cursos dão aos utilizadores uma maior sensação de controlo. Em vez de dependerem de um computador para gerir as operações, os utilizadores podem ter um sentimento de propriedade das operações. A necessidade de visualizar as operações dá aos utilizadores a oportunidade de avaliar facilmente o nível de satisfação dos clientes (Lukman e Krajnc, 2012).

Os sistemas tradicionais requerem menos investimento monetário. Este facto torna estes sistemas baratos e acessíveis mesmo para empresas em crescimento. Isto é contrário às empresas que utilizam sistemas automatizados, uma vez que é necessário reservar um grande investimento para criar a infraestrutura necessária. Por conseguinte, reduz os custos operacionais globais da empresa e reduz o custo dos serviços oferecidos.

Não requer competências especiais. As pessoas que são tecnologicamente analfabetas podem trabalhar com o sistema manual com muita facilidade e conforto. Além disso, a organização não tem de incorrer em custos de formação elevados e não existe resistência por parte do pessoal, ao contrário do que acontece com os sistemas automatizados recentemente instalados (Brandon Hall Group, 2015)

2.1.2 Pontos fracos da gestão tradicional de cursos electrónicos

O Brandon Hall Group (2015) referiu que os principais desafios enfrentados pela maioria dos E-CM são a fraca facilidade de utilização, a falta de relatórios, a adaptabilidade, a análise do ROI e a falta das funcionalidades de que as empresas modernas necessitam.

Os sistemas tradicionais de gestão de cursos electrónicos caracterizam-se por incoerências na introdução de dados, criando assim espaço para erros nos registos académicos. Os sistemas não permitem facilmente a validação dos dados introduzidos e dificultam a identificação dos erros. Assim, compromete a qualidade do trabalho e das decisões tomadas, bem como o crescimento da entidade académica.

O sistema depende da integridade das pessoas. No entanto, é lamentável que não se possa confiar na maioria das pessoas que gerem os dados nestas entidades académicas. Isto significa que podem facilmente gerir mal os dados no sistema, modificando-os ou apagando-os completamente do sistema por motivos egoístas.

Para o Brandon Hall Group (2015), a maioria das aplicações de gestão de cursos electrónicos fornece conteúdos de aprendizagem genéricos e não personalizados. Permitem que os cursos sejam acedidos online por um número virtualmente ilimitado de alunos. Esta abordagem genérica, sem personalização, torna a aprendizagem e o acompanhamento menos relevantes e interessantes, a maioria dos alunos não se empenhará e, consequentemente, obterá pouco valor (Brandon Hall Group, 2015). Por conseguinte, o Brandon Hall Group (2015) concluiu no seu relatório que a maior parte dos relatórios sobre E-CM exige muito trabalho para que se possam observar resultados de aprendizagem tangíveis.

As ferramentas tradicionais de gestão de cursos electrónicos não permitem a partilha de informação. A informação está sempre em sistemas autónomos, embora a maioria dessas instituições seja multidepartamental. Além disso, o acesso remoto também não é possível. Este facto levanta desafios de comunicação, uma vez que a correspondência entre os gestores e as partes interessadas não é possível ou é dispendiosa.

Os sistemas tradicionais são morosos e de manutenção dispendiosa. Dado que os dados não podem ser facilmente partilhados, o processo de impressão implica custos elevados. Além disso, também é dispendioso comunicar a informação a partes interessadas distantes, uma vez que exige a utilização de outros meios, que são mais dispendiosos. O tempo gasto a controlar os níveis de inventário poderia ser utilizado em actividades mais produtivas para a empresa. Este facto aumenta, portanto, os custos operacionais globais da organização.

Os sistemas são caracterizados por erros humanos. Um sistema manual depende em grande medida das acções das pessoas, o que aumenta a possibilidade de erro humano. As pessoas podem esquecer-se de registar uma transação ou simplesmente registar algumas operações. Isto resulta em custos adicionais desnecessários. Registos imprecisos também resultam em más decisões de planeamento e investimento.

Existe um problema de segurança e de restrição do controlo de acesso. O sistema dificulta a proteção dos dados contra utilizadores não autorizados. É sempre possível que todos os utilizadores acedam a todos os dados, incluindo a informação sensível sobre o progresso académico dos alunos. No entanto, essas informações podem ser facilmente modificadas por pessoas não autorizadas, mas são difíceis de detetar. Esta situação é causada principalmente pela falta de uma pista de auditoria nestes sistemas manuais (Brandon Hall Group, 2015).

As ferramentas manuais de gestão de cursos electrónicos são de utilização intensiva. Requerem um acompanhamento contínuo para garantir que cada transação é contabilizada e que as operações estão a decorrer conforme exigido pela gestão. Também é mais difícil partilhar informações sobre o inventário porque a falta de informatização torna o acesso aos registos de inventário um processo mais complicado.

Existe redundância de dados. Os ficheiros são criados no sistema de ficheiros. Assim, nesse caso, a repetição de informações sobre uma entidade não pode ser evitada. Os dados biológicos dos alunos podem, por exemplo, estar presentes no ficheiro que contém informações sobre os alunos e também no ficheiro que contém os resultados dos exames. Mesmo que o mesmo aluno tenha frequentado dois cursos, a mesma informação estará presente em dois ficheiros (Brandon Hall Group, 2015)

2.2 Conceção do novo E-CM

O objetivo da conceção e implementação de um E-CM é apoiar a aprendizagem e a administração de autosserviço (Nishtar e Rahman, 2006). O E-CM oferece uma solução estratégica para planear, fornecer e gerir todos os eventos de aprendizagem numa organização, incluindo cursos em linha, em sala de aula virtual e à distância (Nishtar e Rahman, 2006).

Para construir um E-CM fiável, é necessário ter em conta uma série de considerações de conceção. Os padrões de conceção descrevem soluções reutilizáveis para a conceção de ambientes de aprendizagem. Rafael e Calvo (2009) apresentam dois métodos de conceção para a gestão de cursos electrónicos: o fornecimento de componentes personalizados de gestão de cursos electrónicos e a configuração de componentes de gestão de cursos electrónicos existentes com base em padrões de conceção genéricos.

Rafael e Calvo (2009) criticaram a conceção das abordagens tradicionais para a conceção e disponibilização da gestão de cursos electrónicos, considerando-as demasiado rígidas e inflexíveis. Observaram especialmente que essa inflexibilidade surge no momento da adaptação às novas necessidades académicas institucionais. Para eles, "a conceção e a disponibilização de um ensino apoiado nas tecnologias estão a tornar-se cada vez mais complexas, sobretudo para os criadores e professores principiantes. Em termos muito simples, têm de transformar os objectivos educativos em concepções de aprendizagem executáveis. Isto inclui a seleção, a definição e o fornecimento adequados de tarefas e ambientes de aprendizagem para alcançar os resultados de aprendizagem pretendidos" (Rafael e Calvo, 2009).

Os autores observaram que a tarefa de um designer de E-CM consiste em integrar eficazmente tecnologias adequadas nos processos educativos para melhorar as experiências de aprendizagem dos alunos. Rafael e Calvo (2009) continuam a defender que um padrão de conceção deve fornecer uma solução genérica e reutilizável para um problema ou situação de conceção recorrente.

Rafael e Calvo (2009) revelaram que, atualmente, existem muitas iniciativas e projectos de padrões de conceção para E-CM e mencionaram, entre outros, os seguintes padrões

O projeto de padrões pedagógicos, que foi um dos pioneiros. Este padrão produziu uma série de colecções de padrões relacionados com vários aspectos do ensino e da aprendizagem, tais como padrões para seminários, aprendizagem ativa, aprendizagem experimental, feedback, entre outros. (Rafael e Calvo, 2009).

A E-LEN, que fornece padrões para recursos de aprendizagem e sistemas de gestão da aprendizagem, aprendizagem ao longo da vida, aprendizagem em colaboração e aprendizagem adaptativa.

Caleidoscópio, que é uma rede de excelência, parcialmente dedicada ao fornecimento de padrões de conceção para o ensino da matemática baseado em jogos.

O projeto TELL, que fornece padrões para a aprendizagem colaborativa em rede. O repositório de padrões PCeL, que fornece padrões para a implementação de uma aprendizagem melhorada pela tecnologia com base numa filosofia educativa centrada na pessoa.

Os autores criticam as abordagens existentes em matéria de padrões de conceção pedagógica e argumentam que essas abordagens não oferecem apoio aos utilizadores de padrões e que faltam ferramentas para a integração na gestão de cursos electrónicos existente. A sua preocupação prende-se com o facto de existirem poucas iniciativas para lidar com a integração efectiva destes padrões de conceção na gestão eletrónica de cursos existente. No entanto, consideram que se trata de um aspeto essencial para promover a utilização de padrões de conceção pedagógica entre os educadores.

É ainda enfatizado que os componentes de software são concebidos para serem construídos de forma a poderem ser reutilizados por um programador que não precisa de saber como o componente é implementado, mas apenas precisa de saber como as funcionalidades que o componente fornece podem ser acedidas (Rafael e Calvo, 2009). Os engenheiros de conceção referem-se a este processo como abstração, e os componentes têm de ser fáceis de ligar uns aos outros para criar novos sistemas personalizáveis e eficientes.

Na prática, os engenheiros de sistemas reutilizam os materiais de aprendizagem sobretudo de forma não estruturada/manual ou utilizando objectos de aprendizagem. Os E-CM fornecem ferramentas que permitem aos alunos realizar tarefas comuns, como participar num debate ou apresentar um trabalho, permitindo aos professores incorporar estas funcionalidades nas suas concepções de aprendizagem. Os sistemas permitem que os professores reutilizem objectos ou actividades, sem prescreverem uma conceção, ou mesmo sem facilitarem o processo de conceção. Nos sistemas manuais, os professores são obrigados a redesenhar a atividade global de aprendizagem a partir do zero para cada novo curso. Felizmente, porém, os engenheiros de sistemas reuniram os dois tipos de reutilização (conceção) (Rafael e Calvo, 2009).

Lim, Ayesh e Chee (2013) sugerem a adoção do Design Centrado no Aluno (LCD), que se centra na criação de um sistema de e-learning capaz de satisfazer as necessidades individuais dos alunos de áreas remotas.

2.3 Implementação de um novo E-CM

Na implementação da gestão de cursos electrónicos, Harrington, Staffo e Wright (2006) revelam que as faculdades são pressionadas pelos estudantes que querem aceder aos materiais das aulas em linha. Esta pressão foi motivada pelo desejo dos estudantes de alterar a sua perceção da aprendizagem. Inicialmente, os alunos costumavam considerar que a aula terminava logo que saíam da sala de aula, como os autores citam Sneller (2004) e Suen (2005).

Muitas instituições optaram por implementar a gestão de cursos electrónicos para alterar o fenómeno em curso, para envolver os estudantes na disciplina a um nível prolongado e mais profundo do que anteriormente. Para Harrington, Staffo e Wright (2006), as instituições que utilizam o E-CM para a gestão tradicional de cursos tendem a utilizá-lo principalmente como um repositório de materiais do curso e de comunicações fora da sala de aula, embora algumas o utilizem de uma forma mais sofisticada, combinando-o com actividades do curso puramente em linha.

Os autores argumentam que a implementação do E-CM está na extensão do conhecimento sobre como qualquer faculdade pode usar o E-Course Management para melhorar o conteúdo e a instrução, e como as atitudes em relação aos sistemas podem ajudar ou dificultar a sua implementação.

A implementação de um E-CM reforça a ideia de que as componentes em linha ajudam a alargar a aula para além das paredes da sala de aula . Permite que os alunos se envolvam mais com os seus instrutores, uns com os outros e com o material, o que parece promover uma melhor aprendizagem (Harrington, Staffo e Wright, 2006).

A investigação mostra que a maioria das implementações da E-CM resulta de uma pressão ascendente, exercida pelos estudantes, e não de uma pressão descendente, com o objetivo de satisfazer as necessidades e expectativas dos estudantes.

Na sua investigação, Nishtar e Rahman (2006) observaram que a conceção e a implementação de um E-CM é um processo de equipa. Acrescentaram ainda que a componente de software e a conceção pedagógica do sistema são tarefas separadas que devem ser realizadas por pessoas diferentes, cada uma com a sua própria experiência. Também se aperceberam de que a compreensão das motivações subjacentes ao pedido de software e o conhecimento de como abordar com êxito os requisitos para satisfazer essas motivações exigiriam uma compreensão dos processos de aprendizagem.

Na fase de implementação, recomenda-se que a informação relativa aos cursos frequentados pelos estudantes seja introduzida diretamente num sistema E-CM. Essas informações podem incluir informações de programação que envolvam a atribuição de espaço físico (salas de aula e auditórios) e outros activos materiais (equipamento audiovisual, um sistema de videoconferência), e estar ligadas à aplicação E-CM. O E-CM deve funcionar como um motor de realização para gerir as inscrições, avaliações e pagamentos em linha, o que exige a integração com os sistemas financeiros e de comércio eletrónico da instituição.

Na implementação do E-CM, o Sharable Content Object Reference Model (SCORM) tornou-se o padrão para o acompanhamento dos registos nos sistemas de gestão da aprendizagem, como observam Nishtar e Rahman (2006). O SCORM é utilizado para comunicar a informação do formando com o E-CM utilizando um método normalizado baseado em JavaScript (Nishtar e Rahman, 2006).

A implementação do E-CM evoluiu de simples sistemas de comunicação unidirecional baseados em HTML para aplicações multifuncionais de nível empresarial. Após a sua implementação bem sucedida, este sistema pode ser gerido por instrutores, através da colocação de informação em linha, sem necessidade de conhecimentos de HTML.

2.4 Conclusão

Em conclusão, a automatização dos cursos tem como objetivo aumentar a eficácia da aprendizagem e da administração dos cursos. No entanto, a implementação de tais sistemas envolve uma série de desafios, que vão desde a aceitação pelas burocracias estabelecidas até às preocupações com a privacidade e a segurança.

CAPÍTULO 3: METODOLOGIA

3.0 Introdução

Este capítulo apresenta as metodologias que foram utilizadas durante o estudo. São apresentados os vários procedimentos utilizados pelo investigador. Estes incluem o desenho da investigação, a área de estudo, a população estudada, os procedimentos de amostragem, os métodos e instrumentos de recolha de dados e a análise de dados, entre outros.

3.1 Conceção da investigação

Este projeto implicou a utilização de concepções de investigação de ação e de estudo de caso; e abordagens de investigação qualitativas e quantitativas, tal como referido por Teddlie e Tashakkori (2009). A abordagem de estudo de caso foi utilizada porque apoia uma investigação empírica de um fenómeno contemporâneo (Hancock e Algozzine 2011).

A investigação quantitativa baseia-se na medição da quantidade ou do montante. Aqui, os objectos são representados numericamente sob a forma de números. É sempre não descritiva, matemática, iterativa e as provas são facilmente evidenciadas (Rajasekar et al, 2013). Os resultados da investigação quantitativa são sempre representados sob a forma de tabelas ou gráficos.
A conceção da investigação quantitativa utiliza métodos estatísticos e começa frequentemente com a recolha de dados com base numa teoria, hipótese ou experiência, seguida da aplicação de métodos estatísticos descritivos ou inferenciais (Rajasekar et al, 2013).

A investigação quantitativa é utilizada para explicar um fenómeno através da recolha de dados numéricos que são analisados através de métodos matemáticos.
A investigação qualitativa foi utilizada para explicar a situação atual e responder às perguntas "O quê, como e porquê" relativamente à E-CM existente.

Brikci et al (2007) explica que a conceção de investigação qualitativa é a investigação utilizada para compreender as experiências e atitudes dos objectos em estudo. É utilizada para responder a perguntas sobre "o quê", "como" ou "porquê" de um fenómeno, em vez de "quantos" ou "quanto", que são respondidas por métodos quantitativos. A investigação qualitativa diz respeito a fenómenos qualitativos que envolvem qualidade.

Brikci et al (2007) dão exemplos de tópicos que as metodologias qualitativas podem abordar: As experiências das pessoas sobre as necessidades de saúde, os cuidados de saúde, o acesso aos cuidados e a manutenção da saúde; Compreender diferentes perspectivas, como as dos profissionais e dos doentes. Como as experiências, atitudes e circunstâncias de vida afectam as necessidades e os comportamentos de saúde.

A investigação qualitativa apresenta um certo número de caraterísticas, nomeadamente as seguintes

É não numérico, descritivo, aplica o raciocínio e utiliza palavras; o seu objetivo é obter o significado, o sentimento e descrever a situação; os dados qualitativos não podem ser representados graficamente; é exploratório; e investiga o porquê e o como da tomada de decisões.

As técnicas qualitativas utilizadas no estudo incluem análises de documentos, entrevistas e questionários. Na abordagem de investigação quantitativa, foram utilizados questionários como instrumento de recolha de dados. Na análise e interpretação dos resultados, foram utilizadas técnicas qualitativas para explicar os resultados não numéricos e técnicas quantitativas para analisar os valores estatísticos, tendo sido utilizados gráficos na análise.

3.2 Área de estudo

A investigação foi efectuada na Universidade de Ndejje. O estudo incidiu sobre os cursos extra-murais, que são cursos de curta duração destinados a dotar os estudantes de competências práticas de curta duração e a reequipar o pessoal em serviço.

3.3 População do estudo

A população estudada foi o comité técnico e o pessoal operacional que gere os cursos extra-murais da Universidade de Ndejje. Foram entrevistados um total de 25 inquiridos.

Estes incluíam o coordenador dos programas Extra Mural, os diretores das faculdades, os chefes de departamento e os estudantes.

3.4 Procedimentos de amostragem

O investigador utilizou uma amostra como representação do todo. As razões para a escolha da amostra foram: poupou tempo e eliminou custos adicionais que seriam incorridos com a utilização de um grande número de inquiridos. Estes custos implicariam custos de impressão adicionais e mais tempo dedicado à recolha e análise de dados.

Durante a amostragem, o investigador teve de selecionar cuidadosamente uma dimensão de amostra que representasse a população em estudo. As técnicas de amostragem utilizadas são também apresentadas, como se pode ver de seguida.

3.4.1 Dimensão da amostra

Para determinar a dimensão da amostra, o investigador adoptou a fórmula de Slovin para estimar a dimensão da amostra, devido à sua simplicidade de utilização. Conforme analisado por Almeda et al (2010), esta fórmula é dada como

$$n = \frac{N}{1+Ne2}$$

A fórmula é interpretada como;

N= população total n= número de amostras e= margem de erro

3.4.2 Técnicas de amostragem

O investigador utilizou uma amostragem de conveniência. Esta forma de amostragem não-probabilística foi considerada por Fairfax County (2012) como a melhor abordagem quando o investigador se preocupa com a facilidade de acesso aos objectos em estudo.

A adoção da amostragem por conveniência baseou-se no facto de que alguns indivíduos não seriam facilmente abordados, sobretudo tendo em conta o tempo limitado disponível. Isto deveu-se ao facto de o estudo ter sido realizado durante um período de férias, quando a maioria dos potenciais inquiridos não estava disponível na universidade.

3.5 Métodos e instrumentos de recolha de dados

Neste projeto, foram utilizadas ferramentas de recolha de dados para recolher requisitos fiáveis dos utilizadores para a ferramenta do projeto. Os instrumentos de recolha de dados utilizados incluíram entrevistas e questionários.

3.5.1 Método de entrevista

O método da entrevista é um instrumento de recolha de dados que envolve uma reunião planeada durante a qual o investigador obtém informações dos inquiridos. Nesta técnica de recolha de requisitos, foram utilizados dois tipos de entrevistas, tal como referido por Sommerville (2004). As entrevistas fechadas, em que é feito um conjunto predefinido de perguntas, e as entrevistas abertas, que não têm uma agenda já definida. Esta técnica foi utilizada porque é a melhor fonte de informação qualitativa, com a vantagem de permitir o contacto pessoal, ou seja, discussões cara a cara (Teddlie e Tashakkori 2009). O investigador dispôs de um guia de entrevista como instrumento de recolha de dados para este método.

3.5.2 Método do questionário

O método do questionário foi utilizado para recolher informações específicas dos inquiridos selecionados. A técnica do questionário foi utilizada porque influencia vários aspectos da qualidade dos dados, desde a não resposta, os erros de cobertura, a amostragem e os erros de medição. No projeto, foram utilizadas perguntas fechadas e abertas. A fim de garantir que os instrumentos de investigação medem o que se pretende medir originalmente, o investigador efectuou verificações de validade e fiabilidade.

3.6 Processamento e análise de dados

Na análise dos dados, os requisitos recolhidos foram tratados com o objetivo de eliminar inconsistências. O

Microsoft Excel 2013 foi utilizado na geração dos resultados da análise, o que implicou a exibição visual de tabelas e gráficos utilizados na apresentação das conclusões. Os resultados foram resumidos e apresentados sob a forma de gráficos. A análise ajudou a identificar os requisitos para o novo sistema, tal como proposto pelos utilizadores.

3.7 Considerações éticas

Durante a realização da investigação, foram tidas em conta várias questões éticas, tal como recomenda Chaleunvong (2009). Estas considerações tinham por objetivo garantir a qualidade dos resultados da investigação.

O investigador obteve o consentimento dos inquiridos antes de realizar sessões interactivas com os mesmos. Foi também apresentada uma carta de apresentação. *Apêndice I: Carta de apresentação para a recolha de dados* é evidente para esse efeito. Permitiu que os inquiridos tivessem um espírito livre, uma vez que os fez saber que não estavam a ser forçados a participar no exercício.

Foi tomado o cuidado de garantir que os inquiridos não fossem pressionados durante a sua participação. Os participantes foram informados dos seus direitos, incluindo o de se retirarem do exercício em qualquer fase, caso este implicasse um longo período de recolha de dados, para além do que o seu horário permitiria.

O investigador garantiu aos inquiridos que a informação recolhida seria tratada com muita confidencialidade e que não seria utilizada para qualquer outro fim que não fosse académico. Isto ajudou a estabelecer uma boa relação entre o investigador e os inquiridos, como encoraja Chaleunvong (2009).

Os nomes dos inquiridos, ou qualquer outra informação que pudesse ser utilizada para revelar a identidade dos inquiridos, não foram solicitados durante a recolha de dados. O objetivo era manter a confidencialidade dos inquiridos nos casos em que foram colocadas questões sensíveis. Assim, os inquiridos puderam exprimir livremente as suas ideias, com um espírito aberto.

3.8 Metodologias de conceção e desenvolvimento de sistemas

A investigação baseou-se num processo de várias etapas que começa com a iniciação, a análise, a conceção e a implementação. Este processo, tal como apresentado por Radack (2009), é designado por Ciclo de Vida de Desenvolvimento do Sistema (SDLC). Ao seguir o SDLC, foram cuidadosamente selecionadas e utilizadas metodologias de desenvolvimento específicas em diferentes fases do desenvolvimento. Estas incluem as seguintes, com as suas funções:

3.8.1 Conceção dos sistemas

A conceção do sistema foi feita utilizando o MS Visio, uma ferramenta de linguagem de modelação unificada (UML) que dá uma visão abstrata do sistema. Foram utilizados vários diagramas, como diagramas de contexto, diagramas de fluxo de dados (DFD) e diagramas de entidade-relacionamento (ERD), para apresentar os fluxos de processos/dados e as relações entre entidades no sistema.

3.8.2 Implementação de sistemas

A implementação do sistema foi efectuada utilizando a plataforma de código aberto, incluindo o pré-processador de hipertexto (PHP) para as ligações ao servidor, as funções e o tratamento dos processos; o MySQL RDMS foi utilizado para a estruturação do armazenamento, a fim de criar a base de dados com todas as estruturas de tabelas necessárias. A razão da sua escolha deveu-se à facilidade de aquisição e à compatibilidade com outras ferramentas de desenvolvimento; a linguagem de marcação extensível (XHTML) para a apresentação dos conteúdos, as folhas de estilo em cascata (CSS) para as apresentações e o JavaScript assíncrono e a linguagem de marcação extensível para o processamento do cliente.

3.8.3 Teste do sistema

Os testes do sistema incluíam testes unitários, em que os módulos individuais do sistema eram testados quanto a erros e defeitos, de modo a verificar se um componente independente funcionava como esperado. Os testes de integração foram efectuados quando duas ou mais funcionalidades já testadas como componentes independentes foram fundidas num único módulo. A interface entre os dois foi então testada. O teste do sistema foi efectuado para avaliar se o sistema desenvolvido está em conformidade com os requisitos especificados na fase de análise no contexto dos requisitos funcionais e do sistema.

3.9 Conclusão

Esta secção apresenta os métodos de implementação do projeto. Estes incluem:

Metodologia de investigação; definição da população da amostra, conceção da investigação, especificação dos instrumentos de recolha de dados e das técnicas e instrumentos de análise de dados; técnicas de análise de dados e metodologia de desenvolvimento, ensaio e validação do sistema.

CAPÍTULO 4: APRESENTAÇÃO, ANÁLISE E CONCEPÇÃO DOS DADOS

4.0 Introdução

O capítulo apresenta a análise e a discussão dos dados recolhidos no campo, de acordo com as metodologias utilizadas pelo investigador. O foco da análise foi baseado no E-CM existente para os cursos extra-murais na Universidade de Ndejje. O capítulo descreve ainda como o novo sistema deve ser e funcionar, tal como proposto pelos inquiridos, que são ao mesmo tempo potenciais utilizadores do novo sistema.

4.1 Resumo dos resultados

A partir dos dados recolhidos, os resultados da análise mostram que os cursos têm como objetivo beneficiar todas as categorias de clientes. Estas incluem estudantes de todos os níveis e trabalhadores que procuram adquirir aptidões e competências necessárias nos seus locais de trabalho, tal como confessado pela maioria dos inquiridos (32%). Como mostra a figura 2 abaixo, a maioria dos inquiridos argumentou que os cursos de curta duração não se destinam a estudantes universitários. Isto é evidente, uma vez que apenas 16% dos inquiridos concordaram que estes cursos se destinam a estudantes universitários.

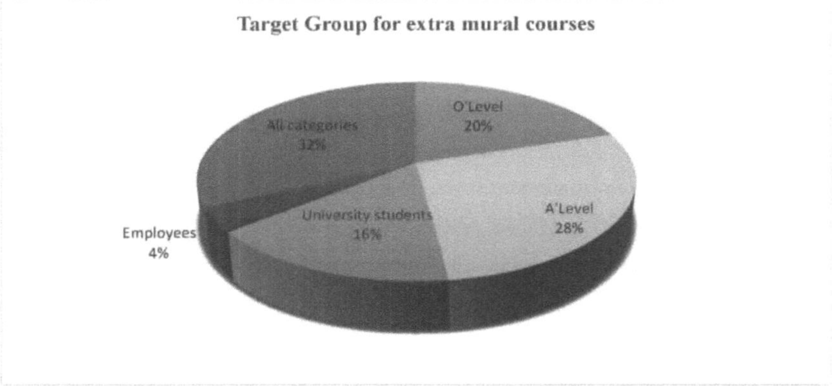

Figura 1: Grupo-alvo dos cursos Extra Mural

Foram feitas investigações para descobrir como se chega aos potenciais clientes no atual sistema de gestão de cursos. O objetivo era determinar se existe uma correlação entre o número de inscrições e os meios de comunicação utilizados, como mostra a figura 2 abaixo.

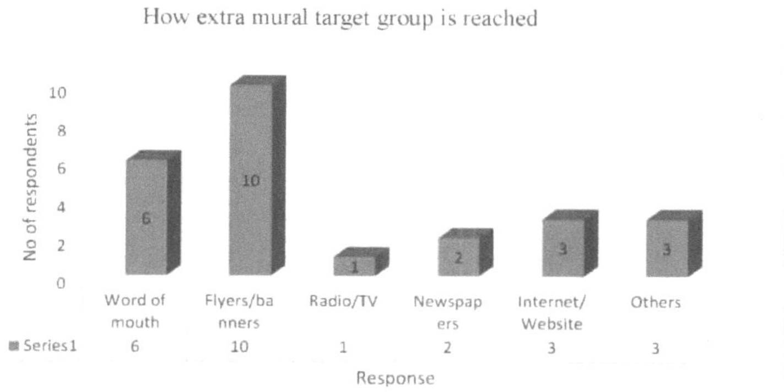

Figura 2: Como os grupos-alvo são alcançados e sensibilizados para os cursos Extra Mural

A partir da figura 2 acima, é evidente que os meios de publicidade afectaram parcialmente o desempenho do programa. Como se pode ver acima, uma maioria de 40% dos inquiridos concordou que os panfletos e os cartazes são os principais meios de publicidade. Isto também se reflecte nos apêndices *Apêndice IX: Modo de divulgação da informação relacionada com o Extra Mural e Apêndice X: Como são anunciados os cursos.* Apenas 4% e 12%, respetivamente, afirmaram que a rádio/TV e a Internet/sítio Web são utilizados para ajudar na sensibilização.

O investigador preocupou-se em averiguar a eficácia dos meios de sensibilização que, neste caso, consistiam na utilização de faixas e panfletos. A figura 3 abaixo apresenta os resultados.

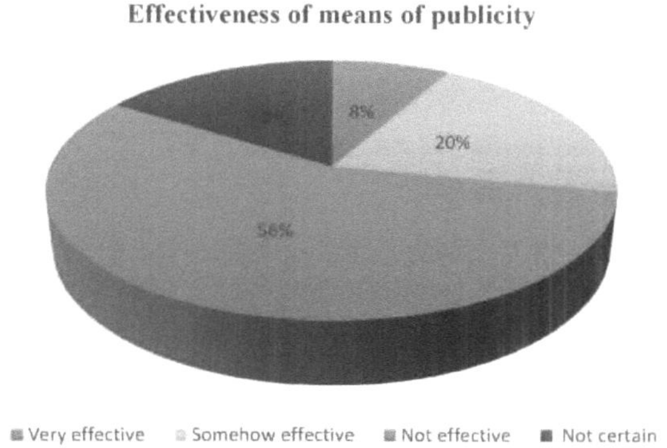

Figura 3: A eficácia dos meios de publicidade utilizados

Do inquérito, tal como na figura 3 acima, 56% dos inquiridos não consideraram eficaz a utilização de faixas e panfletos como meios de publicidade.

Foi efectuado um estudo para investigar as razões da baixa taxa de inscrição dos estudantes, e algumas das respostas dadas são apresentadas na figura 4 abaixo;

Figura 4: Factores responsáveis pela diminuição do número de matriculas

De acordo com os resultados (como na figura 4 acima), 48% da maioria dos inquiridos atribuiu o declínio das inscrições à falta de gestão e controlo transparentes. Enquanto a minoria de 24% atribuiu o facto ao elevado custo dos cursos oferecidos.

O investigador fez um inquérito sobre os pontos fracos do sistema existente e as conclusões são apresentadas na figura 5 abaixo;

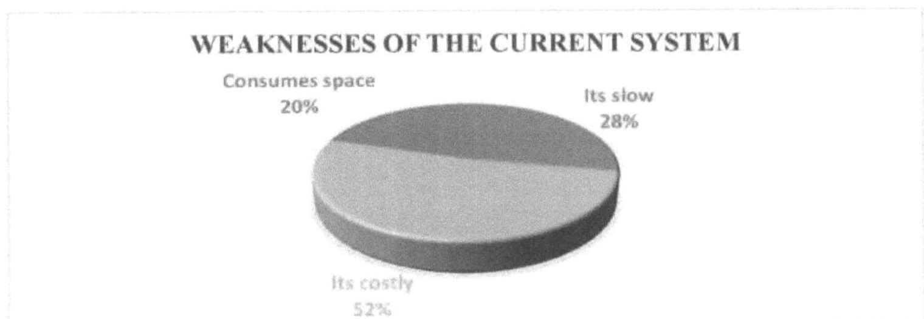

Figura 5: Outros pontos fracos do atual E-CM

O estudo revelou que a Universidade incorre em custos elevados no que respeita à administração dos cursos. Isto reflecte-se nos 52% de respostas que mostram que é dispendioso administrar cursos, em comparação com os 20% de inquiridos que admitiram que é necessário muito espaço.

4.2 Funcionamento do atual E-CM extra-mural

Atualmente, o programa Extra Mural da Universidade de Ndejje utiliza uma abordagem manual e baseada em papel na gestão de todas as operações do programa. O processo começa com o inquérito aos futuros alunos para obterem informações sobre os cursos existentes, a estrutura de propinas, informações sobre pagamentos e quaisquer outras informações relevantes. A partir daí, os futuros alunos recolhem fisicamente os formulários de candidatura que têm de ser preenchidos e devolvidos ao gabinete de admissões.

Quando um estudante é admitido, é-lhe pedido que efectue os pagamentos e que inicie a formação, embora na maioria dos casos o sistema não preveja o acompanhamento das actividades envolvidas no processo de inscrição. É sempre difícil determinar se há sessões de aprendizagem a decorrer num determinado período de tempo, o que dificulta a prestação de contas sobre o que aconteceu no programa.

Por vezes, quando um curso é anunciado, não existem diretrizes claras sobre como e quando uma sessão de formação deve começar. O resultado é a realização de cursos com uma afluência muito baixa de alunos29 . Isto significa que os cursos não são economicamente viáveis, o que não é prático do ponto de vista comercial.

Durante a avaliação, os professores efectuam os exames segundo a abordagem tradicional em papel. Nesta abordagem, o candidato tem de tentar escrever num papel, que é recolhido e levado para avaliação. Para além de implicar muitos custos com a obtenção de materiais de exame, como papel e tinta, o processo de avaliação também demora muito tempo. O sistema não emite resultados imediatos, pelo que os estudantes têm de esperar um determinado período de tempo para que os resultados sejam divulgados.

Além disso, o acesso aos resultados das avaliações, às informações sobre os estudantes, aos dados relativos ao pagamento de propinas, aos materiais dos cursos, entre outros, só é possível quando se está na Universidade, e estritamente no gabinete do programa. A falta de presença online também tem impedido o crescimento das inscrições, uma vez que alguns estudantes gostariam de ter a sua formação online em vez de se deslocarem fisicamente à Universidade.

4.2.1 Fluxo de informação na gestão das actividades extra-murais

Para que os futuros estudantes tenham acesso a informações sobre os cursos que pretendem oferecer, é-lhes pedido que se desloquem à universidade. Do mesmo modo, todos os outros funcionários que apoiam as actividades do programa recebem as informações dos gabinetes do programa. Além disso, o pessoal é informado sobre as comunicações relativas à importação através de memorandos internos e chamadas telefónicas.

Para que a direção saiba o que se passa no programa Extra Mural, é sempre informada pelo coordenador, durante as reuniões da direção. O coordenador do programa apresenta-lhes as actas que contêm as deliberações das reuniões realizadas pelo comité de direção.

Há vários actores envolvidos nas operações do programa Extra Mural. São eles: representantes da gestão de topo, coordenador do programa, chefes de faculdade, membros do comité de direção, instrutores e estudantes, conforme apresentado abaixo;

Gestão de topo: A gestão de topo está preocupada com o planeamento do futuro do programa. Toma decisões estratégicas em relação à sustentabilidade do programa. Entre as principais questões, preocupa-se em garantir que as instalações, como o espaço para palestras, entre outras coisas, estejam disponíveis para atender ao aumento futuro projetado das inscrições.

Coordenador do programa: O coordenador do programa actua como a interface que coordena todas as actividades do programa. É o elo de ligação entre a direção de topo, o pessoal de apoio ao programa e os estudantes. Também gere todas as actividades relacionadas com a inovação, a publicidade e as inscrições.

Diretores de faculdade: Os chefes do corpo docente enviam os nomes do pessoal ao coordenador, para serem considerados no comité de direção. Também aprovam cursos que tenham sido sugeridos por membros do comité de direção. Além disso, os diretores do corpo docente estão encarregados de identificar formadores com competências em áreas de interesse específicas e apresentam os nomes ao coordenador do programa.
Comité de direção: Os membros do comité diretivo são responsáveis pela proposta de cursos que devem ser introduzidos e administrados no âmbito do programa. Desenvolvem o currículo, o âmbito e os requisitos dos cursos antes de estes serem iniciados pelo programa. Também dão conselhos e sugestões sobre a melhor forma de administrar as actividades do programa.

Instrutores: Os instrutores preparam os materiais do curso; administram as aulas teóricas e as avaliações; e calculam os resultados das avaliações.

Estudantes: Depois de se candidatarem a cursos, os alunos efectuam pagamentos, inscrevem-se, fazem avaliações e visualizam os resultados das avaliações.

4.2.2 Pontos fortes do sistema atual

De acordo com o estudo, os inquiridos deram algum crédito ao atual sistema de gestão dos Cursos Extra Murais, apontando alguns dos benefícios que este oferece à Universidade. Estas vantagens são as seguintes

Tendo em conta o facto de as inscrições serem ainda reduzidas, o sistema é rentável. Não necessita de muitos recursos técnicos, tecnológicos e financeiros. As despesas orçamentais para o funcionamento do programa são, por conseguinte, reduzidas.

O programa não lida com muitas informações sensíveis, pelo que não há riscos de essas informações sensíveis serem acedidas por pessoas não autorizadas.

Através do atual sistema, vários estudantes foram matriculados e dotados de uma variedade de competências em diferentes disciplinas. Estas incluem informática, administração de empresas, gestão, desenvolvimento social, agricultura, engenharia, entre outras.

A utilização do sistema atual permitiu a sensibilização e a mobilização. Assim, os futuros alunos foram informados sobre os cursos oferecidos através do sistema atual.

4.2.3 Pontos fracos do sistema atual

O sistema carece de transparência. Nem sempre é fácil saber quando se efectua a inscrição, quantos estudantes foram inscritos e os cursos em que se inscreveram, se efectuaram pagamentos ou não, se concluíram os seus cursos ou não. Tudo isto torna difícil comparar as receitas com as despesas e determinar se o programa é viável ou não.

Não permite o acesso remoto aos recursos. Os estudantes não podem candidatar-se, inscrever-se nos cursos, aceder aos materiais dos cursos, efetuar pagamentos e aceder aos resultados da avaliação à distância. Além disso, nem os representantes da gestão de topo nem o pessoal operacional podem aceder remotamente às informações do programa, quando necessário. Estas informações só podem ser acedidas no local ou quando são disponibilizadas pelo pessoal em causa, através de correio eletrónico ou telefone.

Não existe qualquer disposição que permita monitorizar os utilizadores para ver que actividades estão a realizar. Por exemplo, o coordenador do programa pode não conseguir saber se o instrutor está a dar aulas aos estudantes. Do mesmo modo, a direção tem dificuldade em saber se há progressos em matéria de admissões, inscrições, prestação de serviços, etc.

A inscrição de estudantes é baixa devido à falta de transparência e à má gestão das actividades do programa. A Universidade tem dificuldade em saber onde estão os pontos fracos e como melhorar ou eliminar os pontos fracos do sistema. Além disso, as abordagens utilizadas para sensibilizar para o programa não são eficazes. Por exemplo, o programa utiliza maioritariamente faixas, quadros de avisos, panfletos e cartazes para chegar ao público, que não chegam aos clientes que estão longe da Universidade de Ndejje.

4.3 Desafios do atual E-CM extra-mural

Tornou-se inevitável que as actividades do programa Extra Mural da NDU fossem automatizadas. As principais actividades a automatizar incluem as candidaturas, as admissões, a administração dos cursos e o pagamento de propinas. Se as funções essenciais forem geridas com o sistema atual, as irregularidades existentes prevalecerão e custarão caro à Universidade. Não haverá qualquer disposição para acompanhar as actividades dos utilizadores do sistema.

Além disso, se o sistema não for automatizado, a universidade continuará a incorrer em enormes despesas num empreendimento que não é produtivo. Por conseguinte, é provável que o programa se torne um passivo para a Universidade e que acabe por ser encerrado, apesar de uma das principais razões para a sua criação ter sido a diversificação das fontes de receitas da Universidade.

O facto de o sistema atual não permitir que os alunos se inscrevam e acedam ao material do curso fora do local de trabalho poderá ter um impacto negativo nas inscrições. Alguns potenciais alunos estariam dispostos a inscrever-se e a frequentar o curso em linha, independentemente das limitações geográficas. Estes incluem o grupo de trabalho, que pode não ter tempo para assistir fisicamente às aulas na Universidade de Ndejje, e estudantes de áreas distantes, que achariam dispendioso viajar para a Universidade de Ndejje para assistir às aulas, entre outros.

O programa não dispõe atualmente de um mecanismo claro de acesso, recuperação e divulgação da informação. Esta falta de gestão centralizada da informação e de acesso à informação cria uma grande lacuna de informação para todas as partes interessadas que desejem aceder a informação específica.

4.4 Requisitos para o E-CM extra-mural proposto

A análise dos dados recolhidos mostra que os inquiridos sugeriram uma série de requisitos para o novo E-CM. Estes requisitos eram tanto funcionais como não funcionais, como se mostra a seguir;

4.4.1 Requisitos funcionais

Os utilizadores identificaram uma série de requisitos que o sistema deve ser capaz de executar para ser considerado um sistema fiável e abrangente. Estes requisitos incluem;

i. O sistema deve permitir que os futuros estudantes vejam os cursos disponíveis, se candidatem e obtenham feedback sobre as candidaturas que efectuarem.

ii. Deve permitir que os estudantes efectuem pagamentos electrónicos das propinas dos seus cursos e que possam acompanhar os seus pagamentos e verificar os saldos das propinas

iii. Deve permitir que os estudantes acedam aos materiais do curso, façam avaliações e qualquer outra informação em linha. Devem também poder apresentar queixas sobre questões académicas em linha.

iv. O sistema deve ter diferentes níveis de acesso, e a cada utilizador devem ser atribuídos direitos e restrições de acesso. Os inquiridos sublinharam que deve ser adotado o princípio dos privilégios mínimos para garantir que a cada utilizador sejam atribuídos direitos apenas suficientes para o desempenho das suas funções.

v. Foi sugerido que o sistema deveria manter um registo de eventos. Esta sugestão foi feita para garantir o acompanhamento das actividades dos utilizadores.

vi. O sistema deve permitir que os pais efectuem pagamentos em nome dos alunos, consultem as avaliações dos alunos e quaisquer outras informações conexas

vii. O sistema deve produzir relatórios de gestão que mostrem o historial das candidaturas e das inscrições nos cursos oferecidos num determinado período de tempo.

viii. O sistema deve ter um administrador inativo. O administrador só deve poder gerir os utilizadores através da criação de contas de utilizador e da atribuição de direitos de acesso a outros utilizadores do sistema.

4.4.2 Requisitos não funcionais

i. A fim de acompanhar as actividades dos utilizadores, cada utilizador do sistema deve ter uma conta de utilizador que deve ser rigorosamente monitorizada para acompanhar as suas acções no sistema.

ii. A velocidade de acesso deve ser tida em conta aquando do desenvolvimento do sistema. Por conseguinte, durante a implementação do sistema, as ferramentas de desenvolvimento devem ser leves, de modo a demorarem o mínimo de tempo possível a carregar. Isto melhorará a eficiência do sistema.

iii. O sistema deve ser compatível com todas as plataformas operativas. Os diferentes utilizadores podem ter interesses diferentes no que diz respeito ao software e, caso o sistema não seja compatível com uma versão específica do software, isso limitará a possibilidade de essas pessoas interagirem confortavelmente com o sistema.

iv. É necessário que o sistema suporte o acesso de múltiplos utilizadores em simultâneo, sem afetar o tempo de resposta. Isto melhorará a eficiência das operações tanto para os estudantes como para os professores, o pessoal de apoio e os administradores de topo.

v. Exige-se que o sistema seja revisto periodicamente para garantir que satisfaz as novas expectativas de desempenho. Pretende-se, assim, acompanhar a evolução das necessidades tecnológicas e dos utilizadores do sistema.

vi. A formação dos utilizadores é necessária antes da implantação do sistema. Isto ajuda a reduzir as taxas de erro que surgiriam em resultado do desconhecimento do sistema.

vii. O sistema deve prever a possibilidade de efetuar cópias de segurança fora do local. Isto ajudará a garantir a disponibilidade do sistema, mesmo em caso de catástrofe dos recursos no local.

viii. Deve haver disponibilidade a tempo inteiro, de modo a que os utilizadores possam interagir com o sistema quando lhes for mais conveniente. Para tal, deve ser assegurada a redundância de todos os recursos de hardware e de suporte necessários ao funcionamento do sistema.

4.4.3 Requisitos de segurança

A partir dos resultados, os inquiridos manifestaram uma série de preocupações em relação à segurança do sistema. São elas;

Deve haver níveis de acesso, cada nível com direitos bem articulados sobre o que pode e o que não pode fazer no sistema.

Os utilizadores do sistema devem receber nomes de utilizador e palavras-passe. Estas palavras-passe devem ser mantidas confidenciais e só devem ser conhecidas pelos utilizadores do sistema.

As senhas de login do sistema devem ter um período máximo de validade e devem sempre expirar após um período específico definido pelos utilizadores do sistema. Por conseguinte, os utilizadores devem ser convidados a alterar as suas senhas sempre que as senhas anteriores expirem.

O sistema deve manter um registo de todas as actividades dos utilizadores, de modo a poder acompanhar a utilização incorrecta do sistema por todos os utilizadores.

O sistema deve ter um administrador que se ocupe da criação de contas de utilizador, mas o administrador não deve poder realizar qualquer outra atividade para além da criação e gestão de contas de utilizador.

O sistema deve permitir que os utilizadores redefinam as suas palavras-passe esquecidas apenas se fornecerem um endereço de correio eletrónico válido que tenha sido registado durante a inscrição.

4.5 Processos de negócio no Programa Extra Mural

Existem vários processos empresariais no programa Extra Mural. Na execução destas tarefas estão envolvidos diferentes actores, cujas funções são apresentadas de seguida;

Ator	Papel
Coordenador do programa	Gere as inscrições, a publicidade, a supervisão das actividades dos cursos, apresenta relatórios sobre as actividades do programa à direção, solicita a contratação de um instrutor
Diretor da Faculdade	Aprova o curso e o currículo do curso, identifica o instrutor do curso
Instrutor	Sugere cursos, desenvolve o currículo do curso, carrega o conteúdo do curso, realiza a formação do curso e a avaliação dos alunos
Estudante	Inscreve-se no curso, verifica se está a ver os materiais do curso, vê os resultados da avaliação

Quadro 1: Actores e respectivas funções no sistema existente

A partir dos dados recolhidos, a análise mostra que os utilizadores têm expectativas em relação ao atual E-CM, e o quadro seguinte mostra os actores e as responsabilidades sugeridas pela população entrevistada:

Ator	Papel
Coordenador do programa	- Gestão das inscrições - Supervisão/monitorização das actividades do curso - Relata as actividades do programa à direção de topo
Registo	- Analisar o historial das inscrições e comunicar as informações sobre as inscrições aos quadros superiores através de relatórios de gestão
Sistemas Administrador	- Cria contas de utilizador - Gere as contas e actividades dos utilizadores
Instrutor	- Carrega o conteúdo da disciplina - Gestão das avaliações

Estudante	- Aplica-se aos cursos - visualiza os materiais do curso - Faz avaliação
	- apresenta uma reclamação sobre o curso
Pai	- Visualiza informações de avaliação

Quadro 2: Actores e respectivas funções no novo sistema

4.5.1 Diagrama de casos de uso para o novo sistema

Como se pode ver no quadro 2, os inquiridos sugerem uma série de intervenientes para facilitar o funcionamento do novo E-CM Extra Mural.

Como se pode ver na Figura 7 abaixo, o novo sistema tem cinco (5) utilizadores principais: coordenador do programa, administrador de sistemas, instrutor, aluno e pai.

Estes utilizadores têm funções diferentes, dependendo da sua hierarquia organizacional ou nível de acesso, ou conforme definido pelo Administrador do sistema.

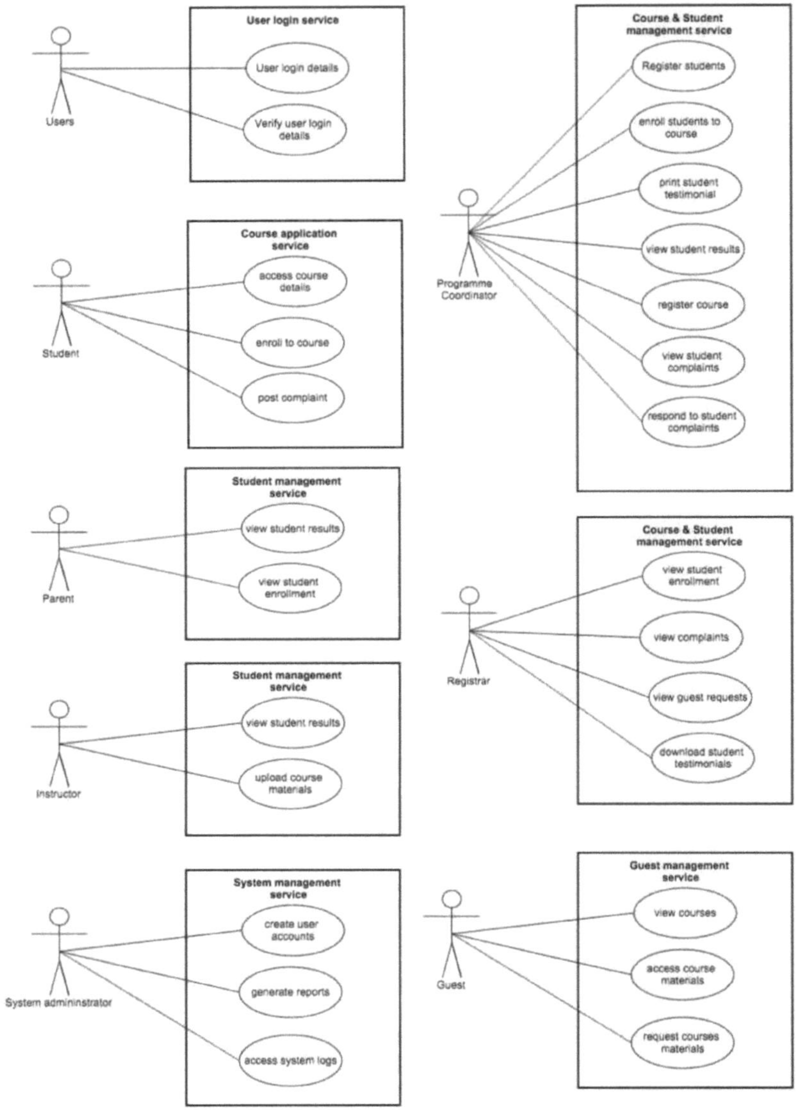

Figura 6: Diagrama de casos de utilização para o novo E-CM

Como se pode ver na figura 7, o processo do sistema começa com o coordenador a carregar a informação sobre o curso no sistema. Estas informações incluem os cursos disponíveis, a duração do curso, a descrição do curso, os pré-requisitos, etc. Em seguida, um potencial aluno visualiza as informações sobre o curso e decide se quer candidatar-se ou não.

Quando o potencial aluno se candidata, a informação é armazenada na base de dados do sistema, aguardando a aprovação de a candidatura.

À medida que mais candidatos apresentam as suas candidaturas, o sistema determina automaticamente a viabilidade e a auto-sustentabilidade do curso em termos dos recursos necessários, comparando o custo total do curso com as receitas previstas que serão geradas, com base no número de alunos que se candidataram a esse curso.

Quando é atingido o número mínimo de alunos exigido para o curso, o sistema admite automaticamente todos os candidatos que satisfaçam os requisitos mínimos para o curso. O sistema permite que o secretário inicie um curso, independentemente de ser financeiramente viável ou não, com base em decisões de gestão de topo, tais como os benefícios futuros que o curso pode oferecer à Universidade, a relevância do curso, a disponibilidade de financiamento externo, etc., e é dada uma razão para esse efeito.

O coordenador do programa pode registar os instrutores e atribuir-lhes cursos para administrar. O coordenador também monitoriza as actividades dos instrutores no sistema e comunica com eles em conformidade, e aprova a conclusão dos cursos pelos alunos.

O instrutor carrega os materiais do curso e as avaliações. O instrutor pode ver as informações de desempenho dos alunos e monitorizar a sua utilização do sistema através do registo de início de sessão.

O sistema permite ao estudante candidatar-se a um curso, fazer uma avaliação, apresentar queixas relacionadas com o curso e ver os resultados da avaliação.

O sistema permite que os pais acompanhem os progressos académicos dos alunos. O encarregado de educação pode ver os resultados da avaliação do aluno.

O administrador do sistema funciona em segundo plano, criando e gerindo contas de utilizadores e assegurando que o sistema está sempre disponível e é fiável.

4.6. Modelação do sistema

O investigador identifica uma série de processos e as suas interligações para o bom funcionamento do sistema, que são apresentados a seguir em diferentes ilustrações.

4.6.1 Conceção contextual

Tendo em conta os resultados do estudo, o investigador conseguiu contextualizar as principais operações. Como já foi observado no caso de utilização acima (figura 7), as principais entidades que interagem com o sistema são: coordenador do programa, secretário, administrador de sistemas, tesoureiro, instrutor, aluno e encarregado de educação. Isto é apresentado mais detalhadamente na figura 8 abaixo.

A partir da representação contextual, a transparência de todas as operações estará entre as principais realizações do programa, para além de atingir uma clientela distante e longínqua. A base de receitas também será aumentada através das operações em linha, ao mesmo tempo que se reduzem os custos operacionais que são uma caraterística do excesso de papelada.

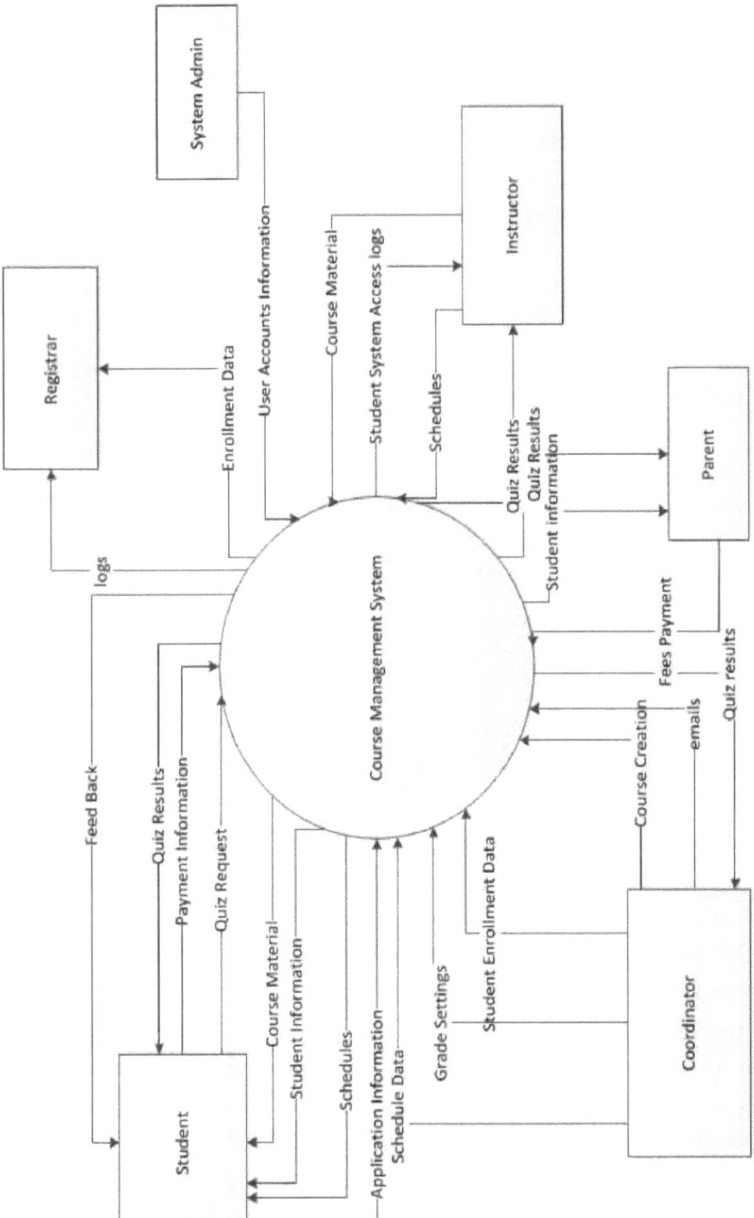

Figura 7: Diagrama de contexto

4.6.2 Diagrama de fluxo de dados

O diagrama de fluxo de dados foi implementado para mostrar uma descrição detalhada das diferentes entidades que interagem com o sistema. Os processos começam na visão abstrata, designada por nível 0 na conceção e desenvolvimento de sistemas.

No nível 1.0, a entidade aluno candidata-se a um curso e a informação da candidatura é armazenada no depósito de dados D1, para os dados da turma do aluno. A entidade estudante inscreve-se então num curso no processo 1.1 e a informação de inscrição é armazenada no depósito de dados D2, que capta as contas de utilizador do sistema.

No processo 2.1, a entidade instrutor carrega a avaliação, que é armazenada no depósito de dados D3, e a entidade aluno no nível 2.2 faz a avaliação. Em 2.3, o aluno, o instrutor e o pai visualizam os resultados da avaliação que são recuperados do armazenamento de dados D3 para os dados do curso.

O coordenador do programa de objectos no processo 3.3 cria um curso e um programa de curso, que são armazenados no armazenamento de dados D3 para os dados do curso. A partir daí, o coordenador, o instrutor e o aluno podem aceder ao armazenamento de dados D3 e visualizar as informações do curso, que incluem o programa e o conteúdo do curso.

O diagrama de fluxo de dados da figura 9 apresenta de forma ilustrativa a conceção do sistema com os principais objectos, processos e respectivos armazenamentos de dados.

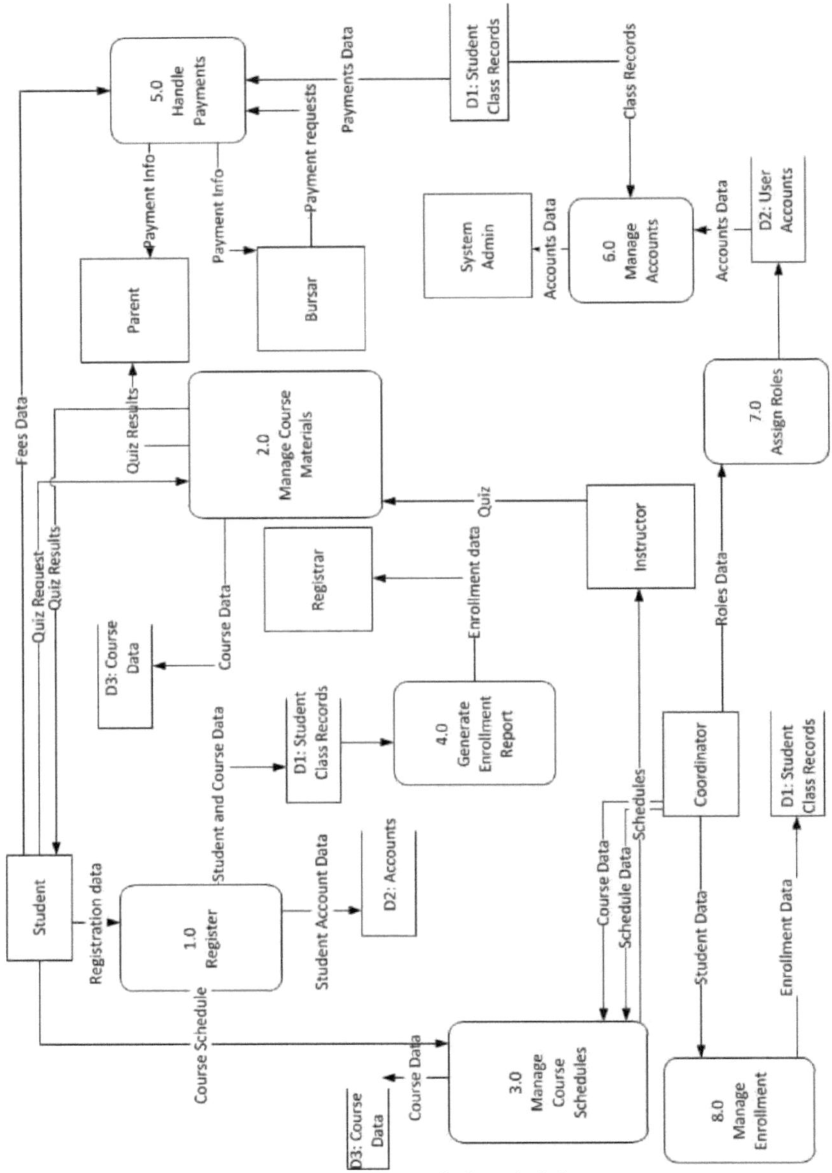

Figura 8: Diagrama de fluxo de dados

4.7 Modelação de dados

O investigador observou criticamente os processos de negócio de modo a desenvolver um modelo de dados bem definido, correspondente aos requisitos operacionais do programa.

4.7.1 Conceção lógica e descrição

O novo E-CM Extra Mural para a Universidade de Ndejje conterá sete (7) entidades principais, a saber: curso, coordenador do programa, secretário, administrador de sistemas, instrutor, estudante e encarregado de educação. Algumas das entidades são descritas mais pormenorizadamente a seguir. São também apresentados os atributos da tabela da base de dados e as chaves primárias.

Users {**id**, user, user_email, user_contact, user_job, account_status, date_added}

Course {**course_id**, CourseCode, course_name, course_duration, course_module, course_desc}

Department {**departmentid**, lecturerid, departmentname}

Complaints {**id**, student_id, complaint_type, complain, response}

Admin {id, user_group, **username**, password, user, online_status, date_loggedout}

Marks {**id**, aid, student_id, course_id, course_mark}

Questions { **id**, course_id, QN, dateadded}

Tracking {**track_id**, user_id, name, activity, track_type, status}

4.7.2 Modelo de dados concetual

Na conceção do novo E-CM Extra Mural, o investigador definiu as interdependências entre entidades. São apresentadas as relações entre estas entidades, tais como um para um; um para muitos; muitos para um; e muitos para muitos. É apresentado no diagrama entidade-relacionamento na figura 10 abaixo.

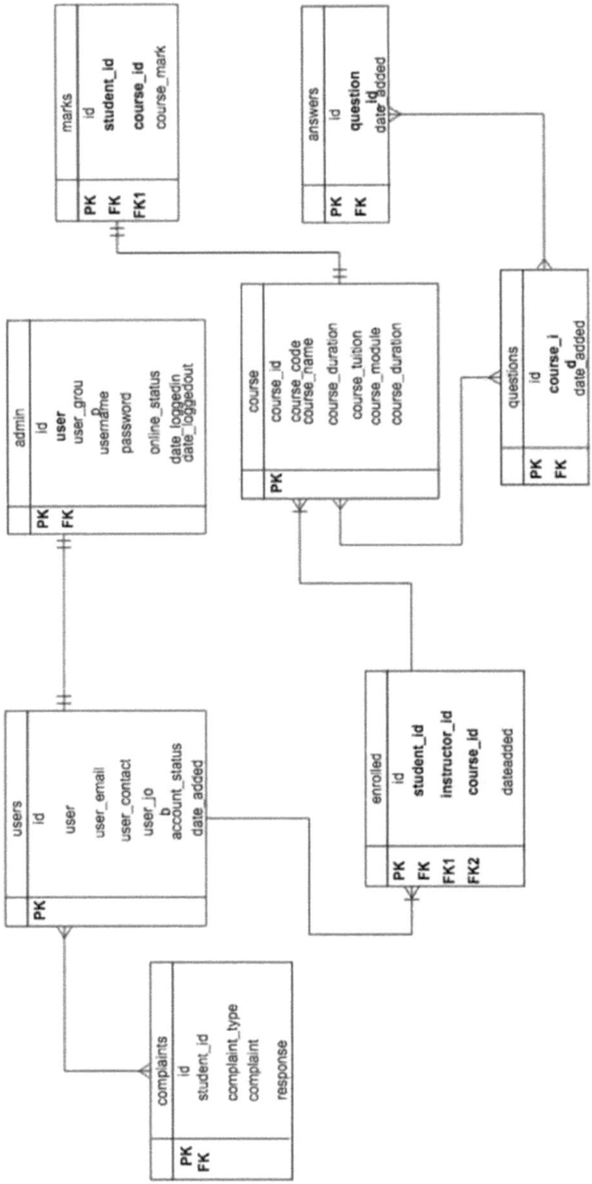

Figura 9: Diagrama de relação entre entidades

4.8 Conceção funcional

Ao utilizar o novo sistema, o investigador teve em conta o facto de cada utilizador ter de executar apenas as funções especificadas na sua descrição de funções. Para tal, um utilizador tem de ser autenticado antes de ter acesso a qualquer componente do sistema ou de executar qualquer tarefa. As restrições de acesso são mostradas na figura 4.11 abaixo

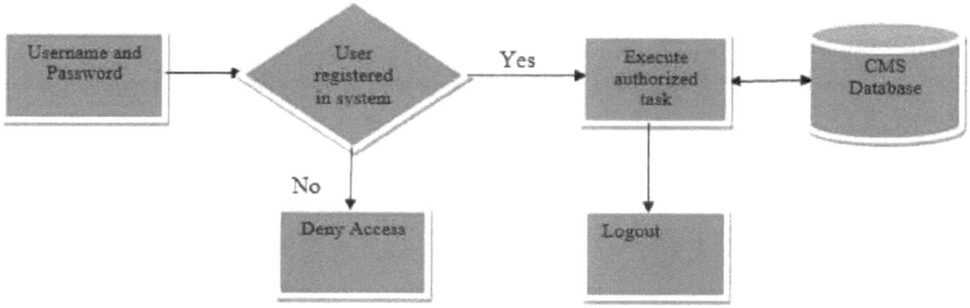

Figura 10: Processo de início de sessão

4.9 Requisitos mínimos do sistema

Para que o E-CM Extra Mural concebido ofereça um desempenho ótimo, o investigador sugeriu alguns requisitos mínimos, tanto em termos de software como de hardware e de dispositivos/recursos intermediários. Estes requisitos incluem os seguintes;

i. Pelo menos 20 GB de espaço em disco
ii. 2 GB de RAM
iii. Qualquer programa de navegação web à escolha do utilizador ou recomendado pelo pessoal informático em conformidade com a política informática da Universidade.
iv. Um sistema operativo, de preferência da plataforma Windows, de qualquer versão a partir de XP, instalado nos computadores dos utilizadores.
v. Um processador, de preferência Intel Duo core ou superior, com uma velocidade de processamento não inferior a 2GHz
vi. Um servidor fiável, de preferência de um fornecedor de alojamento Web que possa estar sempre disponível

4.10 Conclusões

O capítulo apresenta os resultados do estudo, tal como foram fornecidos pelos utilizadores. Descreveu também as diferentes ferramentas de conceção que o investigador considerou necessárias para explicitar claramente os processos e as suas interdependências. Assim, facilitou a implementação física de acordo com as necessidades dos utilizadores através da utilização de ferramentas como diagramas de fluxo de dados, diagrama de contexto, diagrama de casos de utilização, etc.

CAPÍTULO 5: IMPLEMENTAÇÃO DO SISTEMA

5.0 Introdução

Este capítulo apresenta a conceção e a implementação do novo E-CM, tal como sugerido pelos utilizadores. As expectativas e sugestões dos utilizadores foram identificadas durante a recolha de dados na análise e apresentação dos resultados, como se mostra no capítulo quatro. A implementação é feita tendo em conta as perspectivas lógica e funcional.

5.1 Instalação do IDE

Durante a implementação do sistema, foi instalado pela primeira vez o Wamp como ambiente de desenvolvimento integrado. Este incluía o Apache como servidor Web, o MySQL para gerir a base de dados e o PHP para o processamento do lado do servidor. O IDE foi utilizado em conjunto com o Adobe Dreamweaver CS3 para criar a interface.

Antes da instalação, o IDE de código aberto foi descarregado da Internet. Abaixo estão os passos para a instalação da ferramenta.

Clique duas vezes na configuração do Wamp para iniciar o assistente de instalação, conforme mostrado na figura abaixo;

Figura 11: Configuração do Wamp para lançar o assistente de instalação

Clique no botão "Seguinte" para continuar,

A configuração será executada e o progresso da instalação será apresentado como na figura abaixo

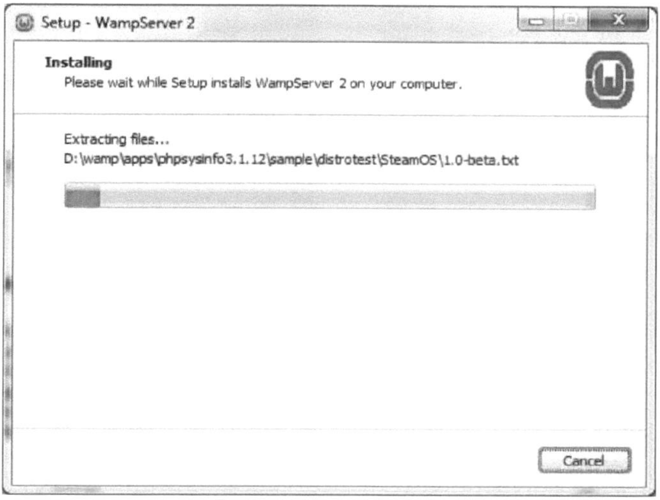

Figura 12: Assistente de progresso da instalação do Wamp

O assistente de instalação gere todos os passos necessários, tais como a escolha do caminho de instalação, a licença de utilizador, a seleção do browser predefinido, a criação de um ícone de início rápido, etc. Quando a configuração estiver concluída, é apresentado um ecrã semelhante ao da figura abaixo;

Figura 13: Conclusão da instalação do Wamp

5.2 Implementação da base de dados

O programador de sistemas utilizou o MySQL para implementar a base de dados. As tabelas da base de dados foram normalizadas para eliminar redundâncias que ocupariam a memória do sistema e afectariam o seu tempo de resposta. A figura abaixo mostra a implementação da base de dados com as tabelas da base de dados;

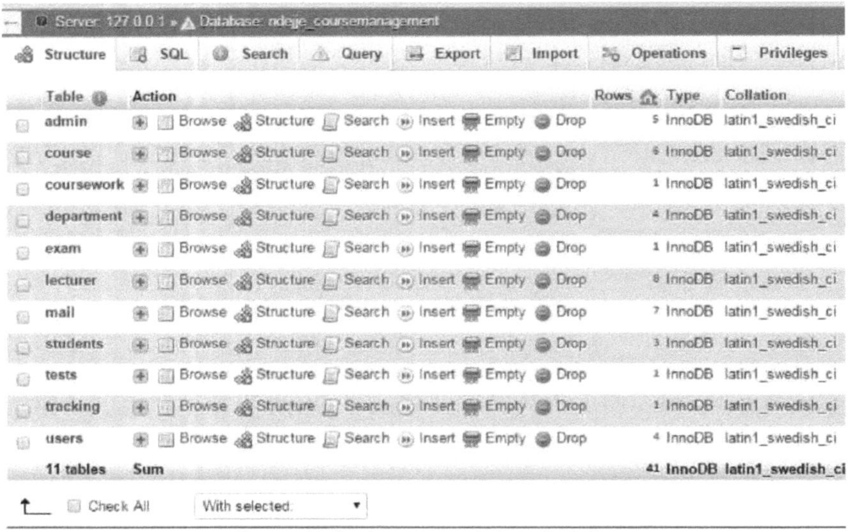

Figura 14: Implementação da base de dados

5.3 Desenvolvimento da interface do utilizador

No desenvolvimento do sistema, o programador de sistemas utilizou o Adobe CS3 Dreamweaver, que é um pacote da coleção adobe Master. A figura abaixo mostra o ambiente de desenvolvimento da interface:

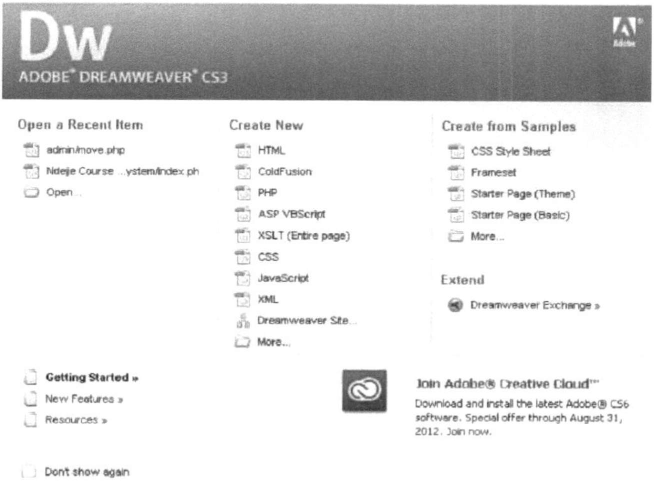

Figura 15: desenvolvimento da interface

5.4 Acesso ao sistema e início de sessão

Antes do início de sessão, o sistema prevê uma sessão de convidado para permitir que os utilizadores que não têm contas interajam com o sistema. Podem ver conteúdos do domínio público, como mostra a figura abaixo:

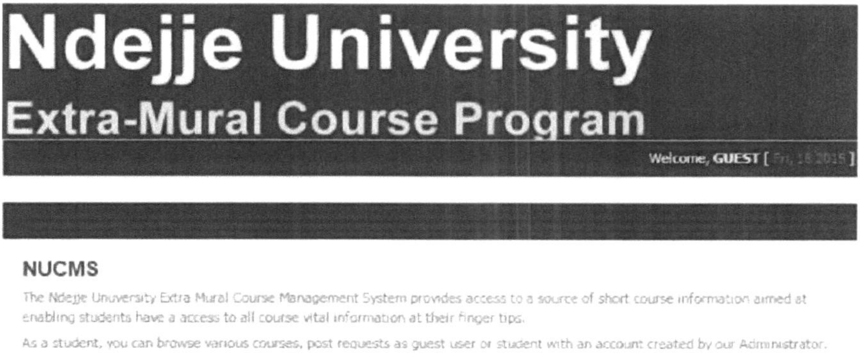

Figura 16: Acesso de convidados ao sistema

Os utilizadores registados do sistema, que incluem o administrador do sistema, o secretário, o coordenador, os professores e os alunos, têm de fornecer nomes de utilizador e palavras-passe antes de lhes ser concedido o acesso a conteúdos restritos. A figura seguinte mostra a área de início de sessão do sistema E-CM.

Figura 17: Formulário de início de sessão do sistema

5.5 Adicionar utilizadores ao sistema

Quando o administrador do sistema inicia sessão no sistema, pode adicionar novos utilizadores e atribuir-lhes direitos de acesso em função das suas funções no sistema. Estes utilizadores podem pertencer a qualquer uma das categorias, como coordenador, instrutor e estudante. Abaixo encontra-se o formulário de registo de utilizadores para adicionar utilizadores ao sistema.

Figura 18: Formulário para adicionar utilizador

5.6 Criar cursos

Depois de o coordenador ter sido adicionado ao sistema, uma das suas funções é criar novas disciplinas, de acordo com a decisão da equipa de coordenação do programa. O coordenador tem de definir todos os parâmetros relativos ao registo de um curso. Estes incluem: nome do curso, código do curso, número de módulos num curso, duração do curso, custo do curso e descrição do curso. A descrição do curso ajuda a definir a lógica, a descrição do curso, os objectivos e os resultados de aprendizagem que o aluno deve esperar. A figura abaixo mostra o formulário de registo de novos cursos.

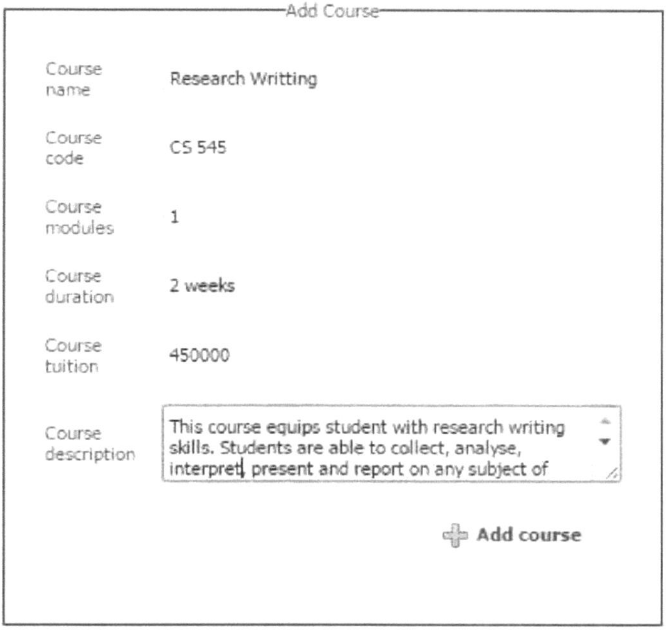

Figura 19: Formulário de inscrição no curso

5.7 Inscrição de alunos

O protótipo do novo sistema pode ser utilizado para inscrever os alunos nos cursos em que estão interessados. O coordenador do programa utiliza o sistema para registar os alunos, antes de estes poderem receber qualquer serviço. Os detalhes dos alunos, como mostra a figura abaixo, são capturados durante a inscrição;

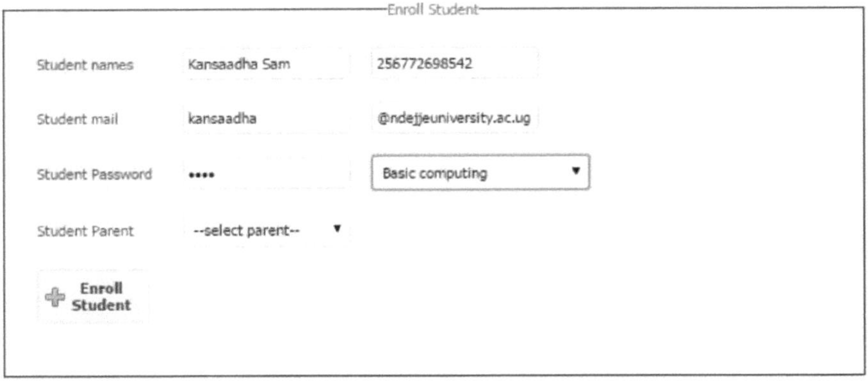

Figura 20: Formulário de inscrição dos alunos

5.8 Sistema Messenger

O sistema permite que um utilizador envie e receba mensagens a outros utilizadores através da utilização do messenger. O remetente tem de introduzir o endereço de correio eletrónico do destinatário, o assunto da mensagem e o corpo da mensagem, como mostra a figura abaixo.

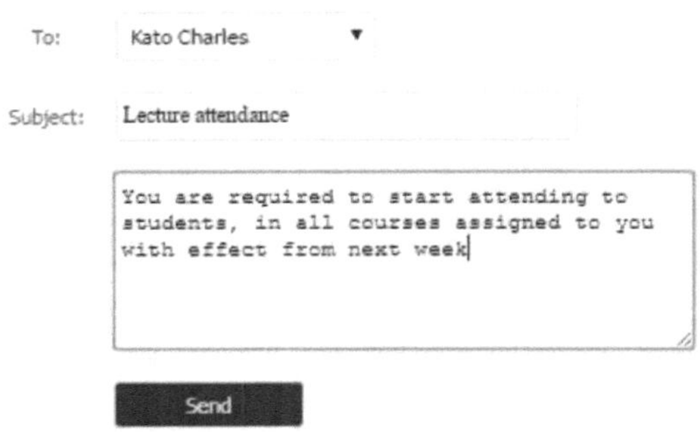

Figura 21: Sistema de mensagens

5.8.1 Mensagens recebidas

Quando uma mensagem é enviada, o sistema classifica-a automaticamente na categoria de novo correio. Quando o destinatário lê a mensagem e a marca como lida, o sistema limpa-a automaticamente das novas mensagens e coloca-a nas mensagens lidas, como se pode ver abaixo;

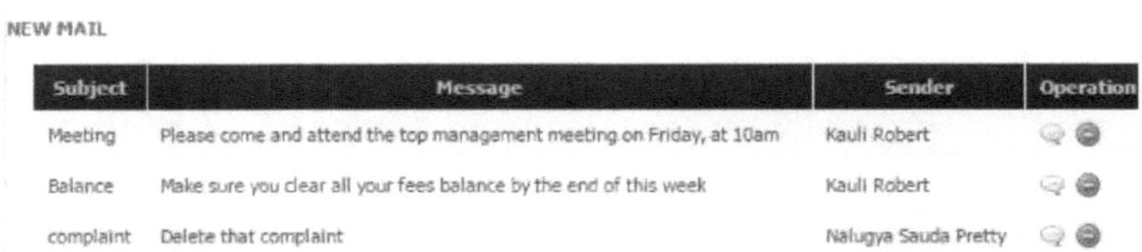

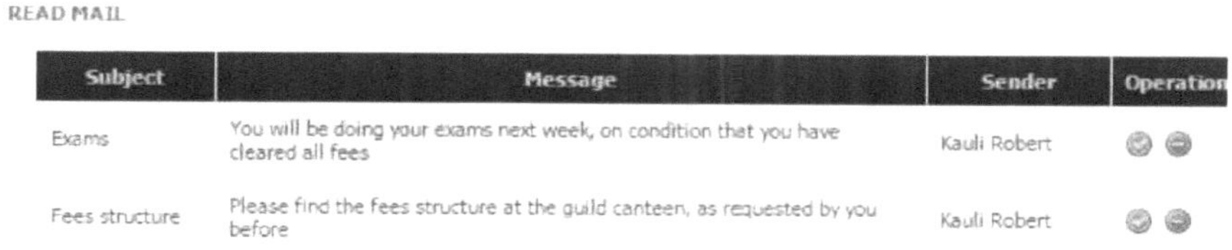

Figura 22: Caixa de entrada do Messenger

5.9 Relatórios de gestão

O sistema gera relatórios que a administração precisa para fazer planos estratégicos para o futuro do programa.

5.9.1 Relatórios de inscrição baseados em texto

A administração pode aceder a informações sobre as inscrições e outras actividades do sistema sob a forma de texto. Isto inclui os detalhes dos alunos disponíveis e os cursos que estão a oferecer, como se pode ver na figura abaixo;

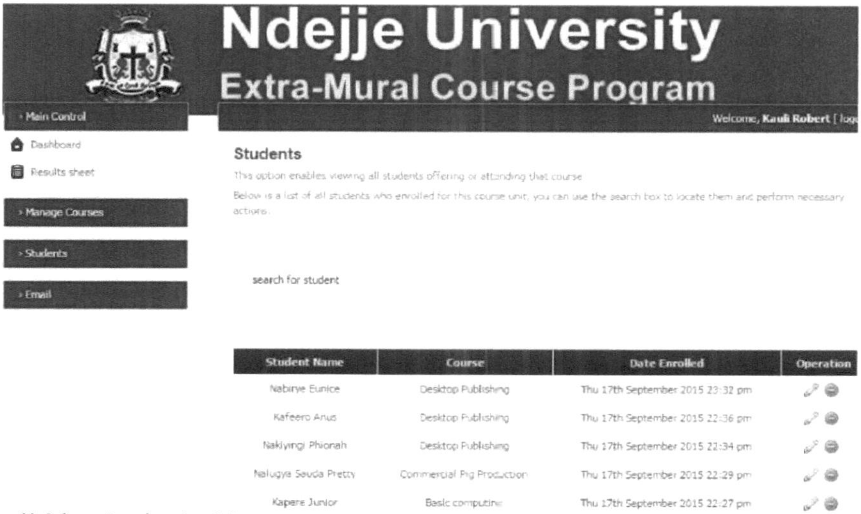

Figura 23: Informações sobre a inscrição

5.9.2 Relatórios de gestão gráficos sobre as tendências das inscrições

O sistema permite à administração efetuar uma análise comparativa das tendências de inscrição. Podem visualizar graficamente o historial das inscrições nos cursos em que os estudantes se inscreveram durante horas extraordinárias. Permite tomar decisões administrativas sobre as disciplinas que devem ser mantidas, suprimidas ou introduzidas. O sistema fornece à gestão de topo relatórios condensados sob a forma de gráficos. Estes estão relacionados com as inscrições, a atividade do sistema e a avaliação , como mostra a figura abaixo;

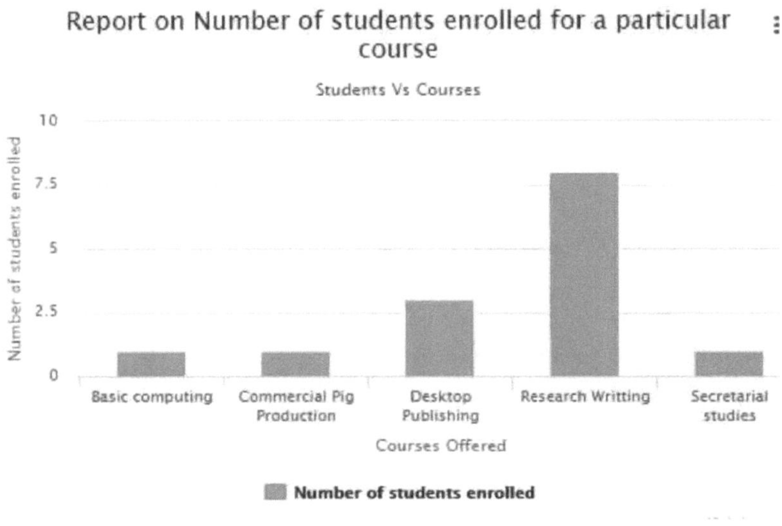

Figura 24: Gráfico de análise da tendência das inscrições

CAPÍTULO 6: RESUMO, CONCLUSÕES E RECOMENDAÇÕES

6.0 Introdução

Este capítulo é um resumo do estudo realizado pelo investigador sobre a E-CM. Apresenta as realizações do investigador sobre o estudo, as limitações das conclusões do estudo e as recomendações sugeridas para trabalhos futuros.

6.1 Resumo das conclusões

No estudo, o investigador preocupou-se em desenvolver um protótipo funcional de um E-CM para os cursos extra-murais da Universidade de Ndejje. O protótipo capta e gere toda a informação relacionada com a administração do curso e fornece relatórios de gestão para apoiar a tomada de decisões. A documentação deste relatório baseou-se no protótipo desenvolvido, que pode ser adotado pela Universidade. O relatório contém seis capítulos, como se indica a seguir.

O primeiro capítulo, a Introdução, constitui a base do estudo. Forneceu uma visão geral da investigação, apresentando as informações de base, a partir das quais foi identificado o problema em causa. O investigador pôde definir o objetivo principal com base no problema, a partir do qual foram definidos os objectivos específicos.

O segundo capítulo centrou-se na literatura existente relacionada com a gestão de cursos electrónicos. Este capítulo apontou alguns dos benefícios e desafios enfrentados por uma gestão de cursos electrónicos semelhante, bem como as lacunas existentes que precisam de ser colmatadas.

O capítulo três do relatório identificou as diferentes metodologias para implementar o sistema com sucesso. Entre outros aspectos, referiu as ferramentas de recolha e análise de dados e as ferramentas de implementação do sistema.

O quarto capítulo debruçou-se sobre as conclusões e apresentou os resultados das conclusões e da conceção do sistema, tanto lógica como física. Na conceção, foram apresentados objectos como diagramas de fluxo de dados, diagramas de contexto e diagramas de entidade-relacionamento, que foram criados utilizando o MS Visio. A implementação do sistema baseou-se nas concepções apresentadas no mesmo capítulo.

O capítulo cinco apresenta a implementação do E-CM. Aqui, os módulos individuais do sistema foram construídos de acordo com o estabelecido na conceção do capítulo cinco. Apresentou os diferentes testes e validações para garantir a funcionalidade do sistema, tal como nos instantâneos do capítulo cinco acima.

No sexto capítulo (onde o leitor está atualmente concentrado), é apresentado um resumo das investigações, conclusões e soluções do investigador.

6.2 Desafios da investigação

O investigador deparou-se com uma série de desafios durante o estudo. Entre eles, contam-se os seguintes, entre outros;

O investigador teve bastante dificuldade em recolher as informações necessárias durante o estudo. A maioria dos inquiridos não pôde ser facilmente localizada, o que se deveu em parte ao momento da investigação. Grande parte da investigação foi feita durante o período de férias da Universidade, quando a maioria dos inquiridos não estava disponível na Universidade.

Para o investigador, foi um grande desafio encontrar um equilíbrio entre as diferentes tarefas que tinha em mãos. Para além das responsabilidades familiares e profissionais, o investigador tinha de conciliar a investigação com as aulas, o que o tornava agitado, dado o calendário fixo para a apresentação do relatório de investigação e da defesa. De facto, havia um intervalo de tempo de apenas sete dias entre o dia do exame final e a data de entrega do primeiro projeto; e duas semanas para a entrega de cópias do relatório para avaliação. Por isso, foi inevitável recorrer a um assistente durante a fase de implementação.

Dado o facto de o protótipo do sistema ser baseado na Web, foi um desafio testar e validar componentes específicos do sistema. Estes não podiam ser executados no servidor local e exigiam que o sistema fosse alojado num fornecedor de alojamento Web. Por conseguinte, foram necessários mais tempo e recursos financeiros para ultrapassar este desafio. Estes recursos não estavam previstos no plano inicial.

6.3 Recomendações

A Universidade de Ndejje está a funcionar num ambiente muito competitivo, onde a concorrência é forte. O investigador recomenda que a universidade adopte uma nova dimensão, administrando os seus cursos em linha. Neste contexto, a Universidade deve concentrar-se em visar o mercado global, oferecendo serviços de formação aos clientes, independentemente da sua distância geográfica. A Universidade deve também aproveitar esta oportunidade para racionalizar as operações, criar transparência e reduzir os custos operacionais diretos e indirectos resultantes da utilização do sistema atual, que não pode ser eficazmente controlado.

É necessário que a Universidade dos Mártires do Uganda reestruture o programa de tempo parcial para garantir que os estudantes tenham tempo suficiente para a investigação. Talvez possa ser estruturado de forma a que os estudantes terminem todos os módulos do curso pelo menos dois meses antes do prazo de investigação. Isto pode ser possível através da identificação e eliminação de um módulo de curso com uma pontuação ponderada baixa, com base na sua relevância para o grau que o estudante está a obter.

6.4 Sugestões para investigação futura

Dado o âmbito do estudo realizado pelo investigador sobre a E-CM, a área de investigação é abrangente, mas nem tudo foi coberto. O investigador baseia-se neste facto para sugerir que seja feito um estudo futuro para a implementação de uma E-CM abrangente. Esse estudo deve contemplar as componentes não abrangidas pelo presente estudo. Isto pode incluir a integração da gestão financeira no que diz respeito ao pagamento de propinas; o desempenho académico acompanhamento pelos pais, tutores e patrocinadores; e a integração da inteligência artificial para permitir que o sistema determine se o curso é financeiramente viável, com base nas propinas a pagar por estudante, no custo total da administração de um curso e no número de estudantes que se candidataram a um determinado curso. Pode implicar que o sistema só admita estudantes se for atingido um número mínimo de candidatos.

A computação móvel é a tendência atual da comunicação e da aprendizagem. Por conseguinte, o investigador sugere que a investigação futura se centre na conversão do estudo atual numa solução móvel. A investigação deve prever a implementação da solução em dispositivos móveis, como telemóveis inteligentes, iPads, etc.

6.5 Conclusões

Este relatório de seis capítulos foi um estudo sobre a implementação de um E-CM em instituições de ensino. Foram apresentadas questões como os pontos fortes, os desafios e as oportunidades na utilização de um E-CM, tal como investigadas pelo investigador. O relatório aborda ainda as experiências e os desafios enfrentados pelo investigador durante a realização do estudo. Na secção 6.3, o investigador recomenda que as instituições devem adotar sistemas automatizados se quiserem manter-se em destaque no mercado competitivo global.

O estudo não abrangeu todas as caraterísticas de tais sistemas no meio académico, pelo que o investigador apresentou áreas que necessitam de mais investigação por parte de outros académicos, a fim de aumentar a eficácia dos sistemas de aprendizagem automática.

Referências

ALMEDA, J., CAPISTRANO, G., SARTE ,O, 2010. Estatística Elementar, Quezon City: UP P [Online] Acedido em 14 de junho de 2015 Disponível: http://www.philstat.org.ph/files/images/2012 611 9 Sobre a utilização incorrecta da fórmula de Slovin.pdf

ANSORGE, J., BENDUS, O., 2003. O impacto pedagógico dos sistemas de gestão de cursos no corpo docente, nos estudantes e nas instituições. Em R. H. Bruning, C. A. Horn, & L. M. Pytlik Zillig (Eds.), Web-based learning: What do we know? Where do we go? (pp.169-190). Greenwich, CT: Information Age Publishing.

ARABASZ, P., PIRANI, J. , FAWCETT, D. 2003. Apoiar a aprendizagem eletrónica no ensino superior (Relatório de Investigação n.º 3). Boulder, CO: EDUCAUSE Center for Applied Research.

GRUPO BRANDON HALL. 2015. *As limitações ocultas de qualquer gestão de aprendizagem Sistema.* [online] acedido em 1st de outubro de 2015 . Disponível: http://eleamingindustry.com/leaming-management-system-isnt-enough

BRIKCI, N. & GREEN, J. 2007. A Guide to Using Qualitative Research Methodology: When to use qualitative methods?Medicins Sans Frontieres, London [online] Disponível: http://fieldresearch.msf.org/msf/bitstream/10144/84230/1/Qualitative%20research%20methodolo gy.pdf

BULLARD, L., FELDER, R. 2007a. Uma abordagem centrada no aluno para o ensino de balanços de materiais e energia: Entrega e Avaliação do Curso. *Educação em Engenharia Química, 41*, 167176.

CARLINER, S. 2007. *Circuitos de aprendizagem: Course Management Systems Versus Learning Management Systems*. ASTD, EUA.

CHALEUNVONG, K. 2009. Técnicas de recolha de dados. *Curso de Formação em Investigação em Saúde Reprodutiva* [online] Disponível: http://www. gfmer. ch/Activites internationales Fr/Laos/PDF/Data collection tecniques Chaleu nvong Laos 2009.pdf .

COATES, H. 2005. Leveraging LMSs to enhance campus based student engagement. *Educause Quarterly, 28*(1), 66-68.

DUTTON, W., CHEONG, H. & PARK, N. 2004. A formação social de um ambiente virtual de aprendizagem: O caso de um Sistema de Gestão de Cursos para toda a universidade. *Revista Eletrónica de e-Learning, 2*(1). [Em linha] Disponível: http://www.ejel.org/ volume-2/vol2-issue1/issue1-art3.htm

CONDADO DE FAIRFAX. 2012. *Visão geral dos procedimentos de amostragem*: Sampling Methodologies

(Metodologias de amostragem). Publicação VA, Washington [Online] acedido em 14 de junho de 2015 Disponível:
http://www.fairfaxcounty.gov/demogrph/pdf/samplingprocedures.pdf

GOVINDASAMY, T. 2001. Implementação bem sucedida do e-learning: Considerações pedagógicas. *A Internet e o Ensino Superior*, *4*, 287-299.

HANCOCK, D.R & ALGOZZINE, B. 2011. *Doing Case Study Research: A Practical Guide for Beginning Researchers, Segunda Edição.* Teachers College Press.

HARRINGTON, S & WRIGHT, R. 2006. *Faculty Uses of and Attitudes toward a Course Management System in Improving Instruction* [*Usos e atitudes do corpo docente em relação a um sistema de gestão de cursos para melhorar a instrução*]. Journal of Interactive Online Learning .Volume 5, Número 2, verão de 2006.

HOSKINS, L. & VAN HOOFF, J. C. 2005. Motivação e capacidade: Que estudantes utilizam a aprendizagem em linha e que influência tem no seu desempenho? *British Journal*

http://www. businessdictionary. com/ definition/management-information-system-MIS. html

http://www.techopedia.com/definition/6651/course-management-system-cms

KIRUP, G. & KIRKWOOD, A. 2005. Information and communications technologies (ICT) in higher education teaching: A tale of gradualism rather than revolution. *Learning Media and Technology, 30*(2), 185-199.

KRAEMER, W. 2003. Desenvolver o ambiente de aprendizagem em linha; Os prós e os contras da utilização do WebCT. *Tecnologias da Informação e Bibliotecas*, 22(2), p.87-92. [Em linha]Disponível: http://infotrac-college.thomsonlearning.com

LUKMAN, R. & KRAJNC, M. 2012. Exploring Non-traditional Learning Methods in Virtual and Real-world Environments (Explorando métodos de aprendizagem não tradicionais em ambientes virtuais e reais). *Tecnologia Educativa e Sociedade, 15* (1), 237-247.

MALIKOWSKI, R., THOMPSON, E. & THEIS, J. G. 2007. Um modelo para a investigação em Sistemas de Gestão de Cursos: Bridging technology and learning theory. *Journal of Educational Computing Research, 36*(2), 149-173.

MARTIN, F. 2008. *O Blackboard como Sistema de Gestão de Aprendizagem de um Curso de Literacia Informática: MERLOT Journal of Online Learning and Teaching* Vol. 4, No. 2, junho de 2008. Wilmington, NC, EUA.

MICHAEL, D. & RAFAEL, A., CALVO,O. 2009. *Embedding Educational Design Pattern Frameworks into Learning Management Systems*. Universidade de Viena: Áustria.

MTEBE, J. 2015. *Sucesso do Sistema de Gestão da Aprendizagem para a Aprendizagem Combinada no Ensino Superior na África Subsariana*. Universidade de Dar es Salaam: Tanzânia

MUIANGA, X., KLOMSRI, T., TEDRI, M. 2015. *Da Aprendizagem Centrada no Professor para a Aprendizagem Centrada no Estudante: Desenvolvendo a Aprendizagem Moderna Apoiada nas TIC na Universidade Eduardo Mondlane, Moçambique*. Universidade Eduardo Mondlane: Moçambique.

NAVEH, G., TUBIN, D., & PLISKIN, N. 2012. Satisfação dos estudantes com os sistemas de gestão da aprendizagem: uma lente de factores críticos de sucesso. *Tecnologia, Pedagogia e Educação*, *21*(3), 337-50. doi:10.1080/1475939X.2012.720413.

Sítio Web da NDU [em linha] Acedido em 25th junho 2015 Disponível: http://www.ndejjeuniversity.ac.ug/index.php/historical-background

NISHTAR, F., RAHMAN, A. 2006. *Actas do Seminário Anual de Investigação de Pós-graduação 2006*: Um quadro para a implementação de um sistema de gestão da aprendizagem baseado na Web. Universiti Teknologi , Malásia.

OKULLO, D. 2013 Sistema de informação de gestão de doentes para a gestão de doenças crónicas. Um estudo de caso da Organização de Apoio à Sida.

PETTER, S., DELONE, W. & MCLEAN, E. 2008. Measuring information systems success: models, dimensions, measures, and interrelationships. *European Journal of Information Systems*, *17*(3), 236-263.

PHILLIPO, J. & KRONGARD, S. 2012. *Learning Management System (LMS): The Missing Link and Great Enabler*. Perspectivas *da ASCD* de Massachusetts, *EUA*

RADACK, S. 2009. *O Ciclo de Vida de Desenvolvimento de Sistemas (SDLC)*. Instituto Nacional de Normas e Tecnologia, EUA. [Online]. Acessado em 14 de junho, 2015. Disponível: http://csrc.nist.gov/publications/nistbul/april2009 system-development-life-cycle.pdf

RAJASEKAR, S., PHILOMINATHAN, P. & CHINNATHAMBI, V. 2013. Metodologia de investigação: Tipos de investigação. Tamilnadu, Índia [em linha] Disponível: http://arxiv.org/pdf/physics/0601009.pdf

ROACH, R. 2006. Gigantes do software para o ensino superior fundem-se num negócio de vários milhões de dólares. *Diverse:*

RYANN, K. 2009. *Afield Guide to Learning Management Systems*. Sociedade Americana de Formação e

Desenvolvimento: EUA.

SOMMERVILLE,S. 2004. *Engenharia de Software 7. Sétima edição.* ISBN 10: 0321210263.Publ icação: 20 de maio de 2004. Edition: 7.

TEDDLIE, C. & TASHAKKORI, A. 2009. *Foundations of Mixed Methods Research: Integrating Quantitative and Qualitative Approaches in the Social and Behavioral Sciences*. SAGE Publications, Inc.

URBACH, N. & MULLER, B. 2012. O modelo atualizado de DeLone e McLean de sucesso dos sistemas de informação. Em Y. K. Dwivedi, M. R. Wade, & S. L. Schneberger (Eds.), *Information Systems Theory* (Vol. 28, pp. 1-18). Nova Iorque, NY: Springer New York.

WHELAN, W. & BHARTU, H. 2007. *Factores na implementação de um sistema de gestão da aprendizagem na Universidade do Pacífico Sul*, Ascilite: Singapura.

WHITE, B. & LARUSSON, J. 2010. *Diretivas estratégicas para o planeamento de sistemas de gestão da aprendizagem.* Educause: Colorado.

WISE, L. & QUEALY, J. 2006. *Relatório do projeto de governação do LMS*. [Online] Disponível: Universidade de Melbourne, Serviços de Informação Serviços de Informação Web site: http://www.infodiv.unimelb.edu.au/telars/talmet/melbmonash/media/LMSGovemanceFinalRepo rt.pdf

YEE, M. L, ALADDIN, A. & KEHNIANG, C. 2013. Jornal Internacional de Engenharia de Software e Aplicações (IJSEA), Vol.4, No.5, setembro de 2013: *Diferenças Sócio-Demográficas nas percepções do Design do Sistema de Gestão da Aprendizagem (LMS)*: Faculdade da Universidade Tunku Abdul Rahman, China.

Apêndice I: Carta de apresentação para a recolha de dados

Uganda Martyrs University

making a difference

Office of the Dean, Faculty of Science
Email: deanscience@umu.ac.ug

28th July 2015

The Coordinator,
Extra Mural Courses,
Ndejje University,
P.O.Box 7088
Kampala,

Dear Madame/Sir,

Re: Research Recommendation for Mr. KAULI Robert

This is to certify that Mr. KAULI Robert is a Second year student at Uganda Martyrs University with **Reg. No. 2013-M132-20006.** He is pursuing a Master of Science degree in Information Systems. I recommend him to you for consideration for information for his obligatory research entitled:

Developing a Course Management System. Case Study: Ndejje University Extra Mural Courses.

Research work is part of the requirement for the award of a Master of Science Degree. The information gathered in this exercise will be treated with utmost secrecy.

I hope that his application will receive your favourable consideration. Any assistance rendered to him will be highly appreciated.

Please do not hesitate to contact our office for any further information.

Yours truly,

For Dr. William Kaggwa
Dean

UGANDA MARTYRS UNIVERSITY
28 JUL 2015
FACULTY OF SCIENCE

Uganda Martyrs University P. O. Box 5498 - Kampala - Uganda
Tel: (+256)038-410611 Fax: (+256)038-410100 E-mail: umu@umu.ac.ug

Apêndice II: Questionário

Caro inquirido,

O meu nome é Kauli Robert, estudante do último ano do Mestrado em Sistemas de Informação na Universidade dos Mártires do Uganda, e estou a realizar uma investigação sobre a forma como o programa Extra Mural da Universidade de Ndejje é gerido e os desafios envolvidos. O tema da investigação é "E-CM, estudo de caso: Cursos extra-murais da Universidade de Ndejje". A intenção deste estudo é académica, voluntária e destina-se a identificar os problemas enfrentados pelo programa e a conceber meios para melhorar o desempenho do programa através da resolução dos desafios envolvidos.

Peço-lhe que me forneça as seguintes informações e asseguro-lhe que serão utilizadas apenas para fins académicos e tratadas com muita confidencialidade. Por conseguinte, o seu nome pode não ser necessário para esse efeito.

Agradecemos desde já.

Preencher ou assinalar se for caso disso

Secção A: sobre o inquirido

1. Qual é o seu nível de educação?

A: O' Level ou inferior ☐ B: A' level ☐

C: Graduação ☐ D: Pós-graduação ☐

2. Qual é a sua função em relação ao programa Extra Mural?

3. Qual é o lugar do seu cargo na hierarquia da direção/programa? (Assinalar a opção correta).

A: Gestão de topo ☐ B: Gestão intermédia (nível de supervisão) ☐

C: Nível operacional ☐

4. Descreva sucintamente as suas funções

5. Há quanto tempo fazes parte do programa Extra Mural na Universidade de Ndejje?

A: Menos de um ano ☐ B: 1-2 anos ☐ C: 2-3 anos ☐ Mais de 3 anos ☐

Secção B: Publicidade e sensibilização do grupo-alvo para o(s) programa(s)

6. Que disciplinas são atualmente abrangidas pelo programa?

7. Qual é, na sua opinião, o público-alvo do programa Extra Mural? (Assinale todas as opções aplicáveis)

Pessoas que concluíram o nível "O" ou inferior	
A' Alavancas	
Estudantes universitários	
Empregados em organizações governamentais e não governamentais	

8. Como é que chega ao grupo-alvo para o sensibilizar para os cursos Extra Mural? (Assinale todas as opções aplicáveis)

De boca em boca	
Folhetos/banners	
Rádio/TV	
Jornais	
Internet (sítio Web)	
Outro (especificar)	

9. Como avalia a eficácia dos meios de publicidade utilizados no ponto 8) supra? (Assinale, se aplicável)

Muito eficaz	
De alguma forma eficaz	
Não eficaz	
Não tenho a certeza	

10. Na sua opinião, classifique o nível de eficácia de cada um dos diferentes meios de publicidade que seriam adoptados para chegar ao público sobre o programa Extra Mural. Utilize uma escala de 1-5, em que 5= muito eficaz; 4= eficaz; 3= de alguma forma; 2= pouco eficaz, 1= não tenho a certeza

Media	Classificação				
	5	4	3	2	1
Boca a boca					
Jornais					
Internet (sítio Web)					
Folhetos/banners					
Rádio/TV					
Outros					

Secção C: Inscrição dos estudantes

11. Na sua opinião, qual foi o número de inscrições durante o período em que participou no programa Extra Mural?

A: As inscrições aumentaram drasticamente ☐ B: As inscrições aumentaram ☐

12. Relativamente à pergunta 11, indique a percentagem de aumento/diminuição, em relação à sua resposta anterior

13. Quais são, na sua opinião, os factores responsáveis pelo aumento ou diminuição das inscrições nos cursos Extra Mural?

i..

ii...

iii ....

iv. ....

v. ....

14. O que pensa que pode ser feito para aumentar o número de inscrições nos cursos Extra Mural?

Secção D: Cálculo dos custos e pagamento das taxas

15. Qual é a base de cálculo dos custos dos cursos oferecidos no programa?

A: Baseia-se na duração do curso ☐ B: Baseia-se na categoria do curso ☐

Baseia-se na situação financeira da instituição ☐

É modular e baseia-se no número de módulos de um curso ☐

Outros: (especificar) ....

Secção E: Informações gerais sobre o E-CM existente

16. O sistema atualmente utilizado para gerir as actividades do programa é automatizado (informatizado) ou manual? (Assinalar).

Sim		Não	

17. Quais são os pontos fortes do sistema atual? i...

ii..

iii...

iv...

v ....

18. Que pontos fracos apresenta o sistema atual?

i ....

ii ....

iii ....

iv ....

v ....

19. Como pensa que cada um dos pontos fracos acima referidos pode ser resolvido? i ....

ii ....

iii ....

20. Que desafios pensa que poderão ser enfrentados para resolver as deficiências do sistema atual?

21. Dê a sua opinião sobre a transparência/gestão de registos nos seguintes domínios, com no programa:

i. Inscrição:

ii. Gestão financeira:

iii. Administração e avaliação do curso:

Muito obrigado

Apêndice III: Guia de entrevista

1) Quando é que a Universidade de Ndejje iniciou o Programa Extra Mural?

2. qual é a visão, a missão e os objectivos do programa Extra Mural?

3) Qual foi a fonte de financiamento para o início do programa?

4) Qual é a hierarquia de liderança do programa Extra Mural?

5) Qual é o número total de funcionários que apoiam o programa?

6) Qual é a hierarquia de liderança do programa?

7) Que tipo de informação capta sobre:

i. Estudantes

ii. Pessoal

iii. Cursos, etc.?

8) Numa estimativa aproximada, qual é o orçamento anual do programa?

9: Obtêm sempre financiamento externo para complementar o orçamento ou este é autossustentável?

10. Que problemas tem sempre na gestão das actividades do programa?

11. Qual é a sua opinião sobre a concorrência de outras instituições?

12. No caso de a concorrência ser forte, que planos tem para se destacar da concorrência?

Apêndice IV: Convite à apresentação de candidaturas

The Fear of God Brings Knowledge & Wisdom

NDEJJE UNIVERSITY

Chartered by Government of the Republic of Uganda, Member of the Inter University Council of East Africa, Member of African Universities, Member of Common Wealth Universities,

For more details, contact:

The Academic Registrar, P. O. Box 7088, Kampala-Uganda. Tel: +256-392730321/+256-414533122/ +256-414270438/+256-392730328. E-mail: registrar@ndejjeuniversity.ac.ug

Extra-mural Programmes' Coordinator: P.O.Box 7088, Kampala-Uganda. Tel: +256-785 143836/+256-702740080. E-mail: extra_mural@ndejjeuniversity.ac.ug

EXTRA-MURAL EDUCATION PROGRAMMES 2013-2015

NDEJJE UNIVERSITY invites applications from interested candidates for the following short courses for Day, Evening and Weekend programmes to be conducted at both Main (Luwero District, 21 miles from Kampala, 8 miles off Bombo Road) and Kampala (Mengo, Balintuma road) Campuses. All short courses are designed to periodically be conducted at quarterly basis with admissions during January, April, July and October 2014.

Anexo V: alguns dos cursos oferecidos pelo programa

NDEJJE UNIVERSITY

Office of the Academic Registrar

Extra-Mural Education Programmes

TRAINING IN SHORT COURSES:

20TH MAY – 10TH AUGUST 2015

NDEJJE UNIVERSITY invites applications from interested candidates for the following Short Courses for Day, Evening and Weekend to be conducted at both Main (Luwero District) and Kampala (Balintuma Road, Mengo, near Mengo Hospital) Campuses

SHORT COURSES FOR MAY – AUGUST 2015 SESSION

Short Course	Duration	Tuition Fees
Solar PV Designing and Installation	1 Month	500,000
Briquette Production for Small Enterprise	1 Month	550,000
Biogas Production	1 Month	550,000
Arc Welding	1 Month	480,000
Production of Chemicals for Agriculture	1 Month	300,000
Organic Pesticide & Fertilizer Production	2 Weeks	150,000
Pig Management (Using IMO Method)	3 Weeks	210,000
Commercial Pig Production & Management	3 Weeks	300,000
Commercial Poultry Production & Management	3 Weeks	300,000
Computer Applications	1 Month	260,000
Computerised Accounting (Using Tally)	3 Weeks	285,000
Computerised Accounting (Using SUN)	3 Weeks	285,000
Computerised Accounting (Using Quick Books)	3 Weeks	285,000
Ms Project Software (Face to Face)	1 Week	250,000
Data Analysis (Using Stata)	2 Weeks	350,000
Data Analysis (Using SPSS)	2 Weeks	350,000
Data Analysis (Using Epi Info)	2 Weeks	350,000
Computer Repair & Maintenance	3 Months	280,000
Website Design, Management and Hosting	1 Week	250,000
Desktop Publishing	1 Week	250,000
Modern Computer Applications	2 Weeks	200,000
Preparatory Mathematics	1 Month	200,000
Management of NGOs	1 Month	320,000
Strategic Planning and Management	1 Week	250,000
Project Planning and Management	2 Weeks	300,000
Project Monitoring and Evaluation	2 Weeks	300,000
Proposal Writing and Resource Mobilisation	2 Weeks	300,000
Front Office Management	1 Week	200,000
The Effective Executive Assistant	1 Week	250,000
Training of Trainers	2 Weeks	300,000
Managing the Tendering Process	1 Week	250,000
Stores Management and Materials Control	1 Week	250,000
Records & Archives Management	2 Months	300,000

Apêndice VI: Procedimentos de candidatura

SHORT COURSES FOR STUDENTS, HOLIDAY MAKERS FOR DEC 2015 – FEB 2016 SESSION

Short Course Title	Duration	Tuition Fees
Computer Applications	1 Month	260,000
Electronic Communication (Internet, Intranet & E-mail	1 Week	250,000
Preparatory Mathematics	1 Month	200,000

SHORT COURSES FOR STUDENTS, HOLIDAY MAKERS FOR APRIL MAY 2015 SESSION

Short Course Title	Duration	Tuition Fees
Complete Microsoft Office	1 ½ Months	250,000
Blended e-learning	1 Month	200,000
Computer Networking, Maintenance & Support	1 Week	250,000

SHORT COURSES FOR STUDENTS, HOLIDAY MAKERS FOR AUG - SEPT 2015 SESSION

Short Course Title	Duration	Tuition Fees
Computer Applications	1 Month	260,000
General Chemistry	1 ½ Months	300,000
Computer Repair & Maintenance	3 Months	280,000
Database Administration	1 Week	250,000

APPLICATIONS/ ENQUIRIES
Applications should be submitted at least one week before the course commencement date.

Extra-Mural Application forms can be obtained from:

1. **Admissions Office at Main Campus, or**
2. **Accountant's Office at Kampala Campus, or**
3. **Online Download: www.ndejjeuniversity.ac.ug**

For More Details, Contact:

1. **The Academic Registrar, P.O.Box 7088, Kampala.**
   Tel: +256 392 730 321 / +256 414 533 122 / +256 414 270 438 / +256 392 730 328
   e-mail: registrar@ndejjeuniversity.ac.ug

2. **The Extra-Mural Education Programmes' Coordinator,**
   Tel: +256 785 143 836 /+256 702 740 080 / +256 755 304 697
   e-mail: extra_mural@ndejjeuniversity.ac.ug

3. **Visit Our Offices:**
   Kampala Campus: Admin Block A Annex
   Main Campus: Engineering Science Complex, Room 6

Apêndice VII: Orçamento do projeto

#	Item	Quantidade	Preço unitário (UGX)	Total
1.	Computador portátil	1	1,500,000	1,500,000
2.	Artigos de papelaria	-	-	900,000/=
3.	Disco externo	1(500 GB)	200,000	200,000/=
4.	Material de investigação	-	-	500,000/=
5.	Transporte	-	-	700,000/=
6	Internet	1GB X 7 meses	35,000	2450,000/=
7	Contingência	-	-	600000/=
Total				**4,645,000/=**

Apêndice VIII: Calendário do projeto

Atividade ou tarefas	**Data de início**	**Data de conclusão**
Formulação do conceito (tema do projeto e documento concetual)	1st 02 2015	04th 02 2015
Documentação	1st 02 2015	15th 10 2015
Inquérito preliminar	05th 02 2015	09th 02 2015
Documentação	10th 02 2015	15th 10 2015
Recolha de dados	20th 05 2015	2 de julho de 2015
Análise e conceção	2nd 07 2015	04th 07 2015
Implementação	04th 07 2015	10th 08 2015
Testes e validação	11th 08 2015	15th 08 2015
Entrega de uma cópia encadernada da dissertação ao orientador para correção	15th 08 2015	15th 08 2015
Devolução da dissertação pelo orientador para correção final	22nd 08 2015	22nd 08 2015
Correção das observações do supervisor	23rd 08 2015	29th 08 2015
Entrega de exemplares encadernados da dissertação para exame	30th 08 2015	30th 08 2015
Defesa oral	5th 10 2015	5th 10 2015
Correcções finais dos comentários do painel após a defesa	6th 10 2015	16th 10 2015
Apresentação de uma cópia final encadernada (capa dura) para arquivo e de uma cópia eletrónica.	17th 10 2015	17th 10 2015

Anexo IX: Modo de difusão das informações relativas ao Mural Extra

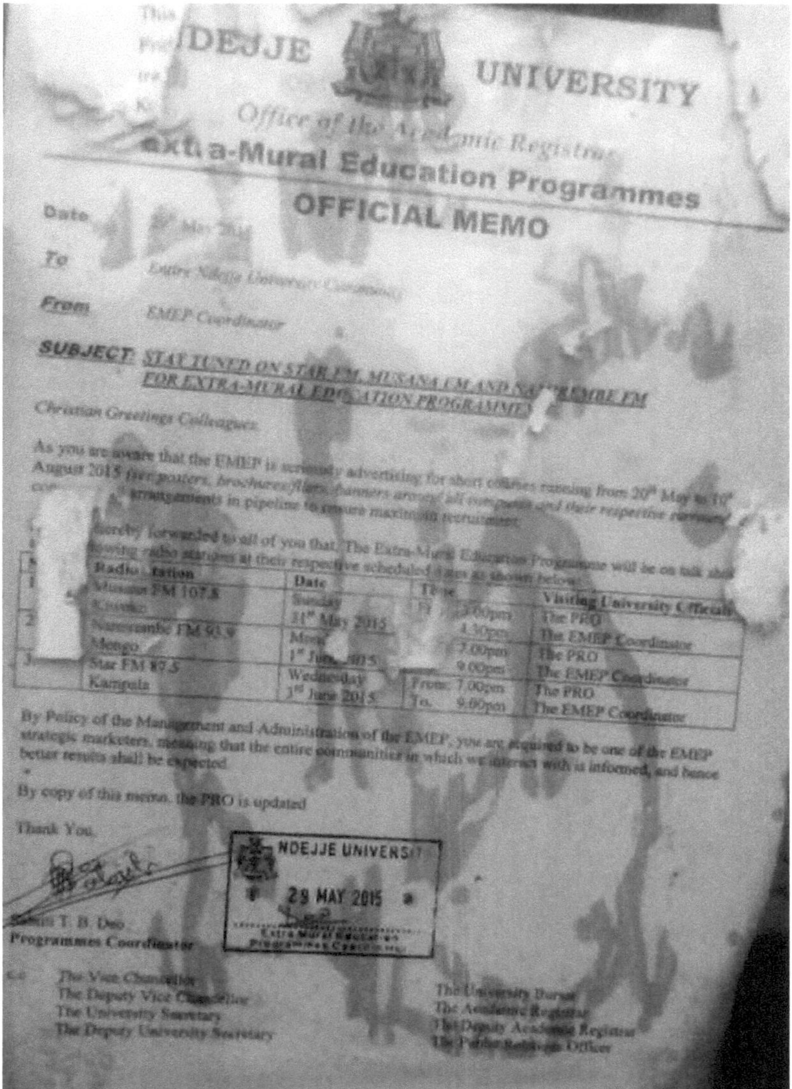

NDEJJE UNIVERSITY

Office of the Academic Registrar

Extra-Mural Education Programmes

OFFICIAL MEMO

Date: [illegible] May 2015

To: Entire Ndejje University Community

From: EMEP Coordinator

SUBJECT: STAY TUNED ON STAR FM, MUSANA FM AND NA[illegible]EMBE FM FOR EXTRA-MURAL EDUCATION PROGRAMMES

Christian Greetings Colleagues

As you are aware that the EMEP is [illegible] advertising for short courses running from 20th May to 10th August 2015 [illegible] posters, brochures/flyers, banners around all campuses and their respective [illegible] arrangements in pipeline to ensure maximum recruitment.

[illegible] hereby forwarded to all of you that; The Extra-Mural Education Programme will be on talk shows [illegible] radio stations at their respective scheduled dates as shown below:

S/N	Radio Station	Date	Time	Visiting University Officials
1	Musana FM 107.5 Kiwoko	Sunday 31st May 2015	[illegible] 3.00pm [illegible] 4.30pm	The PRO The EMEP Coordinator
2	Nam[illegible] FM 93.9 Mengo	Mon[illegible] 1st June 2015	[illegible] 7.00pm [illegible] 9.00pm	The PRO The EMEP Coordinator
3	Star FM 87.5 Kampala	Wednesday 3rd June 2015	From: 7.00pm To: 9.00pm	The PRO The EMEP Coordinator

By Policy of the Management and Administration of the EMEP, you are required to be one of the EMEP strategic marketers, meaning that the entire communities in which we interact with is informed, and hence better results shall be expected.

By copy of this memo, the PRO is updated

Thank You.

NDEJJE UNIVERSITY
29 MAY 2015
Extra Mural Education Programmes Coordinator

[illegible] T. B. Deo
Programmes Coordinator

c.c The Vice Chancellor
The Deputy Vice Chancellor
The University Secretary
The Deputy University Secretary
The University Bursar
The Academic Registrar
The Deputy Academic Registrar
The Public Relations Officer

Apêndice X: Como são anunciados os cursos

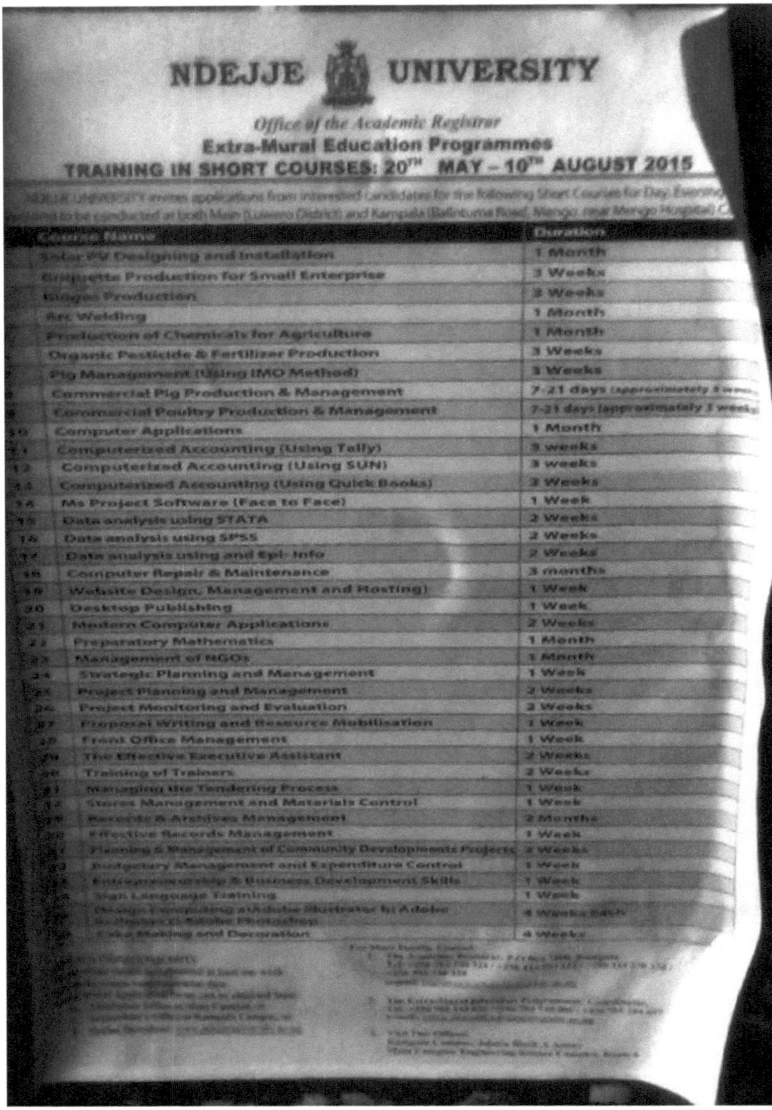

NDEJJE UNIVERSITY

Office of the Academic Registrar

Extra-Mural Education Programmes

TRAINING IN SHORT COURSES: 20TH MAY – 10TH AUGUST 2015

NDEJJE UNIVERSITY invites applications from interested candidates for the following Short Courses for Day, Evening ... to be conducted at both Main (Luweero District) and Kampala (Balintuma Road, Mengo; near Mengo Hospital) C...

	Course Name	Duration
1	Solar PV Designing and Installation	1 Month
2	Briquette Production for Small Enterprise	3 Weeks
3	Ginger Production	3 Weeks
4	Arc Welding	1 Month
5	Production of Chemicals for Agriculture	1 Month
6	Organic Pesticide & Fertilizer Production	3 Weeks
7	Pig Management (Using IMO Method)	3 Weeks
8	Commercial Pig Production & Management	7-21 days (approximately 3 weeks)
9	Commercial Poultry Production & Management	7-21 days (approximately 3 weeks)
10	Computer Applications	1 Month
11	Computerized Accounting (Using Tally)	3 weeks
12	Computerized Accounting (Using SUN)	3 weeks
13	Computerized Accounting (Using Quick Books)	3 Weeks
14	Ms Project Software (Face to Face)	1 Week
15	Data analysis using STATA	2 Weeks
16	Data analysis using SPSS	2 Weeks
17	Data analysis using and Epi-Info	2 Weeks
18	Computer Repair & Maintenance	3 months
19	Website Design, Management and Hosting	1 Week
20	Desktop Publishing	1 Week
21	Modern Computer Applications	2 Weeks
22	Preparatory Mathematics	1 Month
23	Management of NGOs	1 Month
24	Strategic Planning and Management	1 Week
25	Project Planning and Management	2 Weeks
26	Project Monitoring and Evaluation	2 Weeks
27	Proposal Writing and Resource Mobilisation	1 Week
28	Front Office Management	1 Week
29	The Effective Executive Assistant	2 Weeks
30	Training of Trainers	2 Weeks
31	Managing the Tendering Process	1 Week
32	Stores Management and Materials Control	1 Week
33	Records & Archives Management	2 Months
34	Effective Records Management	1 Week
35	Planning & Management of Community Development Projects	2 Weeks
36	Budgetary Management and Expenditure Control	1 Week
37	Entrepreneurship & Business Development Skills	1 Week
38	Sign Language Training	1 Week
39	Design Computing [illegible] Adobe Illustrator [illegible] Adobe Photoshop	4 Weeks each
40	Cake Making and Decoration	4 Weeks

Apêndice XI: Códigos de amostra

```
<?php
session_start();
include '../scripts/config.php';

if(!isset($_SESSION['username'])) { header('location: 000.php'); }
else
{
        if(isset($_GET['id']))
        {
         $del_course = mysql_query("DELETE FROM course WHERE course_id =
'".$_GET['id']."'");
         ?>
         <script type="text/javascript">
                location.replace('744.php?url=course');
         </script>
    <?php
        }else
         {
                if(isset($_GET['d']))
                {
                        $del_dpt = mysql_query("DELETE FROM department WHERE
departmentid = '".$_GET['d']."'");
                        ?>
                        <script type="text/javascript">
                                location.replace('744.php?url=department');
                        </script>
                        <?php
                }
                if(isset($_GET['u']))
                {
```

```
                                        $update_user_query = mysql_query("UPDATE users SET
account_status = 'y' WHERE id = '".$_GET['u']."'");
                                        if($update_user_query):
                                                mysql_query("DELETE FROM admin WHERE id =
'".$_GET['a']."'");
                                        ?>
                                        <script type="text/javascript">
                                                location.replace('744.php?url=list');
                                        </script>
                                        <?php
                                        endif;
                                }
                        }
}
?>
```

```
<?php
session_start();
if(isset($_SESSION['username']))
{
		require_once 'config.php';

		$activity = mysql_query("UPDATE admin SET online = 0 WHERE user = '".$_SESSION['username']."' AND uid != 1");
		if($activity)
		{
		 $temp = mysql_query("SELECT * FROM tracking WHERE name = '".$_SESSION['username']."'");
		 $tmp = mysql_fetch_array($temp);

		 $row1 = $tmp['lecturerid'];
		 $row2 = $tmp['name'];
		 $row3 = 'logged out';
		 $row4 = $tmp['time'];
		 $row5 = 'Offline';

		 mysql_query("INSERT INTO log VALUES('','$row1','$row2','$row3','$row4','$row5')");

		 mysql_query("DELETE FROM tracking WHERE name = '".$_SESSION['username']."'");
		 session_destroy();
		 header('location: ../index.php');
		}
}
?>
```

MIX
Papier aus verantwortungsvollen Quellen
Paper from responsible sources
FSC® C105338

Printed by Books on Demand GmbH, Norderstedt / Germany